Marie Johanne Croteau-Meurois

Die Wunder der heiligen Jüngerinnen
Maria Jakobea & Maria Salome

AF288529

MARIE JOHANNE CROTEAU-MEUROIS

MIT EINEM VORWORT VON DANIEL MEUROIS

DIE WUNDER DER HEILIGEN JÜNGERINNEN

Maria Jakobea & Maria Salome

Aus dem Französischen von Anja Schmidtke

// SILBERSCHNUR 🦋 VERLAG

Copyright der Originalausgabe © Éditions Le Passe-Monde - Québec, 3e trimestre 2020 Imprimé au Canada; Titel der Originalausgabe: »Le Don du Souffle – De la Galilée à la Camargue, une disciple du Christ raconte ...«

Veröffentlicht in Partnerschaft mit Maurice Baldensperger und Francis Hoffmann GbR »Publish Vision«; info@publishvision.de, www.publishvision.de

Copyright der deutschen Ausgabe © 2022 Verlag »Die Silberschnur« GmbH

ISBN: 978-3-96933-023-4

1. Auflage 2022

Übersetzung aus dem Französischen: Anja Schmidtke
Umschlaggestaltung & Satz: XPresentation, Güllesheim; unter Verwendung verschiedener Motive von © Hanna Kh; www.shutterstock.com; Coverbild: Adaption eines nicht identifizierten Werkes : Christophe Saulière; Karte "Die Reise der ersten Jünger ": Thomas Haessig
Druck: Finidr, s.r.o. Cesky Tesin

Verlag »Die Silberschnur« GmbH · Steinstraße 1 · D-56593 Güllesheim
www.silberschnur.de · E-Mail: info@silberschnur.de

Inhaltsverzeichnis

Für Zebedäus, Jakobea und Subrona.

Für meine Mutter, stolz auf meine Feder,
während sie die Flügel schwang.

Für all die Seelen, denen ich in diesen
so kostbaren Zeiten begegnet bin.

Für alle, die Christus lieben.

Für Daniel, in Liebe
für seinen beständigen Rückhalt
beim Schreiben dieses Berichtes
und in Dankbarkeit
für seine liebevolle Gegenwart.

Vorwort von Daniel Meurois

»Seele und Herz haben ihren eigenen Mund, und wenn man sie ihre Geheimnisse preisgeben lässt, entströmen ihnen Worte, wie sie auf diesen Seiten zu finden sind ...«

Dieser Gedanke kam mir, als ich das Manuskript von *Die Wunder der heiligen Jüngerinnen* zum ersten Mal las, und seitdem ist mir nichts Zutreffenderes in den Sinn gekommen, um den Duft dieser Worte zu beschreiben. Natürlich braucht es Ohren, die zu hören wissen, um ihre wesenhafte Sprache zu verstehen ... aber so ist es ja mit allem, was rein ist.

Was ist unfassbarer als der Atem? Und erst recht der Atem des Lebens ... Denn genau um ihn geht es in diesem Buch, das uns verstehen und fühlen lassen möchte, was die ersten Jüngerinnen Christi beseelt und bestärkt haben mag, als sie vor zwei Jahrtausenden an der Mittelmeerküste Galliens anlandeten.

Doch warum sollte man nach so langer Zeit eine Geschichte überhaupt noch einmal aufleben lassen? Ich glaube, die Antwort ist ganz einfach: Weil sie genährt wird von etwas, das uns heute so sehr fehlt – es ist der Atem, mit anderen Worten die Macht zu lieben, sich vertrauensvoll von etwas tragen zu lassen, das berufen ist, das menschliche Wesen zu sublimieren, die Suche und Weitergabe eines ewigen Lichts.

Mit diesen Seiten, die in der Akasha-Chronik erfasst sind, tauchen wir ein in die lehrreiche Heraufbeschwörung großer Wahrheiten, die die Universalität jeder spirituellen Dimension berühren.

Natürlich wurde zu diesem Thema schon geschrieben, doch sicher nicht auf diese Weise und auch nicht mit der Beantwortung von Fragen, zu denen die Geschichte schweigt.

Denn was bewog Frauen wie Maria Magdalena, Salome, Jakobea, Martha und andere im Gefolge von Joseph von Arimathia eigentlich dazu, Galiläa zu verlassen, um ein unbekanntes Land zu betreten und dort zu verbreiten, was in ihren Herzen war?

"Sie wollten evangelisieren", lautet dazu die Antwort der Kirche. Nein, gewiss nicht, denn: Es gab keine Schriften, es war noch kein Wort verfasst worden, Christus war noch nicht als solcher erkannt, und für jene, die seine Liebe und Weisheit erfahren hatten, kam es gar nicht infrage, eine neue Religion zu gründen.

Man war inmitten einer spontanen, plötzlichen Ausdehnung des spirituellen Bewusstseins. Heute würde man sagen, dass ein echter Quantensprung stattfand ...

In Wahrheit ging es darum, die Liebe neu zu erfinden, ihr eine nie da gewesene Dimension zu verleihen, in ihr den Antrieb von allem, was ist, zu erkennen, einen Sturm in den Köpfen zu entfachen und sie die unendliche Freiheit kosten zu lassen, die sie verheißt.

Und so begeben wir uns mit diesem Bericht, den Marie Johanne Croteau uns durch die Augen der Jüngerin Shlomit, heute unter dem Namen Maria Salome bekannt, zuteilwerden lässt, auf eine Reise "abseits der ausgetretenen Pfade" ohne jede Verbindung zur dogmatischen Sichtweise der Kirche.

Wir sind hier daher sehr weit entfernt von den "Heiligen", die von einer Tradition ohne wirkliche Grundlage geschaffen wurden. Stattdessen gehen wir Hand in Hand mit oft fragilen Frauen, die zweifelten, litten, Ängste ausstanden und dennoch den liebenden Atem der christlichen Ursprungswelle in ihrer Brust zu nähren wussten.

Während wir sie auf ihrer Reise begleiten, finden wir wieder, was wir größtenteils vernachlässigt oder verloren haben: die Einfachheit des Lebendigen, bedingungslose Liebe zu allem, was ist, und das innige Wissen um die fundamentale Natur des Göttlichen.

Uns wird offenbar: Jenseits der Zeit reichen diese Frauen die Staffel ihrer Bewusstwerdung an uns weiter. Es liegt an uns, sie zu ergreifen und für die kommende Welt "etwas" daraus zu machen.

Meines Erachtens sind in dieser Frage nur wenige Bücher so offen, erfrischend und wahrhaftig wie *Die Wunder der heiligen Jüngerinnen.*

Seine verwandelnde Kraft möchte zu Stille und Klarheit einladen, mit einer unverkennbaren, sanften Energie, die uns umhüllt und tröstlich und anspornend zugleich ist. Unmerklich treten wir in einen lebendigen meditativen Zustand ein, der uns einen unermesslichen inneren Raum voller vergessener Freude wiederentdecken lässt.

Wenn die Vergangenheit die Gegenwart erhellt und ihr ihre heilige Dimension zurückgibt, erhält das Leben ungeahnten Wert. Darin liegt ein guter Teil des Zaubers und Feinsinns dieses Werks von Marie Johanne Croteau.

Daniel Meurois

1. Kapitel

Die Gemeinschaft
der Überlebenden

Es war etwa das Jahr 40 unseres Zeitalters, und Jerusalem hatte gerade das vierte Paschafest gefeiert, nachdem Meister Jeshua gekreuzigt worden war. Vier Jahre schon ... Vielleicht auch noch etwas mehr, ich weiß es nicht mehr genau.

Es kam mir vor, als würde die Zeit jetzt anders vergehen nach dem Schock, den dieses entsetzliche Ereignis und die darauffolgende Trennung in uns allen hinterlassen hatten.

Nachdem Er sich in dem Grab, das sein Onkel Joseph[1] ihm zur Verfügung gestellt hatte, hatte regenerieren können und uns danach auch zwei- oder dreimal wiedergesehen hatte, herrschte sehr viel Unklarheit um die Person des Meisters. Wo würde Er nun leben? Was würde Er tun?

Manchmal hörte man dieses, dann jenes und oft genau das Gegenteil. Nur eines war sicher: Wir fühlten uns schrecklich

---

[1] Joseph von Arimathia (s. Daniel Meurois: "Jesus' Jüngerinnen – Das geistige Erbe der drei Marien" und "Le livre secret de Jeshua", Band 1 und 2); Silberschnur Verlag.

verwaist. Gewiss nicht als Waisen des Wortes, das Er uns anvertraut hatte, sondern als Waisen seiner Gegenwart. Denn sie allein war so unendlich größer als die eines Menschen!

Ja, vier Jahre mussten wir nun wohl schon auf den Wegen Galiläas, Judäas und Samariens unterwegs sein, in der Hoffnung, nur ein wenig von dem auszusäen, was Er uns geschenkt hatte. Was sonst sollten wir mit unserem Leben anfangen?

Vier Jahre, in denen wir uns fast ständig versteckten und in Angst vor einer Festnahme lebten ...

Die Römer begannen langsam, das Ausmaß des Windes der Freiheit zu begreifen, den Meister Jeshua entfacht hatte, und ihre Jagd auf die "Galiläer", wie sie uns oft nannten, wurde immer erbitterter. Mit "wir" meine ich alle, die Ihm bis zur Erschöpfung auf Schritt und Tritt von Dorf zu Dorf gefolgt waren.

Ich weiß nicht, wie viele genau wir waren, ich habe nie nachgezählt. Aber wie hätte das auch gehen sollen? Manchmal kam es mir vor, dass wir nur wenige waren, dann wieder viele, wenn mir bewusst wurde, wie viele Herzen berührt worden waren und auch den Mut hatten, es zuzugeben.

"*Shlomit*", fragten sie mich, "*stimmt es, dass du Ihn kanntest und Ihn wirklich begleitet hast? Wie war Er zu dir? Und stimmt es, dass Er zwischen den Toden zurückgekehrt ist? Hast du es mit eigenen Augen gesehen? War Er der 'Gesegnete'?*"

Es war alles zu viel auf einmal ... Mitunter wusste ich nicht genau, was ich sagen sollte und vor allem wie. Alle diese Fragen, diese mir zugewandten Gesichter machten mich schwindelig und schüchterten mich ein. Daher kam es oft vor, dass in diesen Momenten im stillen Winkel eines öffentlichen Platzes, im Schatten eines Olivenhains oder an einem Strand meine Seelenschwester Jakobea[2] versuchte, Worte zu finden, die ihr in den Sinn kamen und die zu uns passten ...

Jakobea redete laut, während ich wie ein kleines verletztes Tier Ruhe brauchte und mich unauffällig hinter ihrer Stärke verbarg, die es mir überhaupt erst ermöglichte, die Prüfung Seines Fortgangs zu bestehen.

Reflexartig senkte ich immer eilig meinen Schleier auf mein Gesicht und versuchte, einfach mit den Händen zu lieben und zu heilen. Das hatte Er mich ganz zu Anfang gelehrt, vor allem anderen ... zu heilen und zu trösten.

Und so reihten sich Leidende von ich weiß nicht woher vor mir auf, und ich legte ihnen die Hände auf und ließ die heilende Welle ihr Werk tun.

Jakobeas melodische Stimme begleitete mich und beruhigte mich, aber noch viel mehr waren es Jeshuas Augen, die innerlich bei mir waren und mir zulächelten. Und *dieses* Lächeln, *Sein* Lächeln, gab mir die Kraft, den Atem der Heilung bis ins Unendliche derer zu verlängern, die man die anderen nennt.

Wenn meine Schwester und ich zusammen waren, wussten wir immer, *wann* "etwas" vor sich ging. Jeshua hatte immer von der flüchtigen Erscheinung einer Art Wolke gesprochen,

---

[2] Maria-Jakobea (s. Daniel Meurois: "Jesus' Jüngerinnen - Das geistige Erbe der drei Marien"); Silberschnur Verlag.

13

die alle einhüllte, die liebten. Sicherlich war es das, was wir in solchen Momenten immer wieder erahnten und sogar wahrnahmen, sodass wir mitunter weinen mussten ...

Anfangs waren wir in recht kleinen Gruppen von Dorf zu Dorf geirrt und hatten uns immer wieder zerstreut, um die Aufmerksamkeit der Römer nicht auf uns zu ziehen. Dennoch waren ganz allmählich Treffpunkte in Ställen und Fischerhütten entstanden.

Simon, der Sohn des Töpfers, war sehr emsig und präsent. Thaddäus, Thomas und Bathseba waren meist bei Jakobea und mir, um Kranke zu pflegen und zu den Suchenden von Dem zu sprechen, was wir empfangen hatten. Auch Meryem, die Mutter des Meisters, hatte ihre kleine Gruppe, die sich spontan aus Miriam, der Ehefrau ihres Sohnes, und ihrem Enkel Markus sowie Martha und manchmal Joseph gebildet hatte.

Oft flüchteten sie sich in eine kleine Fischerhütte in einer Talmulde nicht weit von Tiberias, wo so viele Römer waren, dass niemand darauf gekommen wäre, sie dort zu suchen.

Johannes war zwar immer in der Nähe von Meryem, suchte aber immer wieder auch den Kontakt zu Philippus und Bartholomäus. Simon-Petrus, sein Bruder Andreas und Levi[3] wiederum hielten sich mehr abseits, als wären sie besonders vertraut miteinander ...

Es gab also seelische Verbundenheiten, aber unsere kleinen Gruppen waren nicht in Stein gemeißelt, und oft trafen sich

---

[3] Matthäus

Miriam aus Migdel, Meryem und Joseph mit Simon, seiner Ehefrau, Jakobea und mir. Wir versammelten uns, übernachteten selten zwei- oder dreimal hintereinander am selben Ort und wanderten von einer Gruppe zur anderen. Manchmal wurden Behausungen vor uns verschlossen, wo man bisher immer gastfreundlich zu uns gewesen war, und man hieß uns aus Angst vor Repressalien nicht mehr willkommen. Doch zum Glück taten sich auch immer wieder andere Unterkünfte auf.

In dieser Zeit zeigten sich allen Erwartungen zum Trotz manche Zeloten sehr hilfsbereit, denn sie beherbergten uns und warnten uns sogar vor Orten, die wir besser meiden sollten.

"Allen Erwartungen zum Trotz", weil schon das bloße Aussprechen ihres Namens und die Erwähnung ihrer Existenz eine Art unbewusstes Tabu für uns geworden waren.

Barabbas' Befreiung hatte uns so zugesetzt, dass sie eine klaffende Wunde in uns hinterlassen hatte. Deshalb wagte niemand, von den Zeloten zu sprechen, wenn wir zusammen waren. Es war eine Art Scham, die Unfähigkeit, uns einzugestehen, dass wohl doch nicht alle von ihnen mordende Berserker waren.

Dennoch hatten viele von uns akzeptiert, dass einige Zeloten vom Wort und von der inneren Kraft des Meisters berührt worden waren.

Ja, wir fürchteten uns lange davor, das anzuerkennen, wahrscheinlich, weil wir dann das Gefühl gehabt hätten, Jeshua irgendwie verraten zu haben.

Aber irgendwann mussten wir uns der Tatsache stellen, dass immer mehr von ihnen, auch wenn sie sehr in der

Minderheit waren, uns respektierten und versuchten, uns so gut es ging zu schützen, auch wenn manche verstanden hatten, wie sie Nutzen aus dem Einfluss ziehen konnten, den der Meister weiter durch uns ausübte.

Ich glaube, es war in dieser Zeit der allgemeinen Verwirrung, als immer mehr Römer begannen, auch sie "Galiläer" zu nennen. Das hatte zur Folge, dass wir nicht mehr wirklich wussten, wem wir vertrauen sollten, zumal sich einige Türen, die wir für wohlgesinnt gehalten hatten, plötzlich vor uns geschlossen hatten.

Immer war da die Angst, und einige hatten sogar das Gefühl, dass der Meister uns schlicht angelogen hatte. Warum sonst, fragten sie, war er wohl als einfacher *Lestai*[4] ans Kreuz genagelt worden?

Trotz unserer eindringlichen Zeugenberichte glaubten sie überhaupt nicht an seine Regeneration und auch nicht an seine Wiederauferstehung, wie sie von einigen verbreitet wurde. Aus allen diesen Gründen beschlossen wir, nichts zu erzwingen. Denn war das schließlich überhaupt so wichtig?

Eines Tages in den frühen Morgenstunden, als ich gerade sorgfältig Kräuter pflückte, mit denen ich meine Salben herstellte, so gut es unter den Gegebenheiten eben ging, spürte ich plötzlich jemanden hinter mir. Ich wandte mich um.

Es war Zebedäus, mein Ehemann. Er stand dort, ein wenig vornübergebeugt, mit unruhigem Blick, flüsternd. Offenbar fürchtete er, gesehen und gehört zu werden.

---

[4] Bandit

Seit ich beschlossen hatte, sein Haus in Bethsaida zu verlassen, um durch das Land zu ziehen, hatte ich ihn ab und zu unter den Zuhörern gesehen, als der Meister noch unter uns geweilt und gelehrt hatte. Dann näherte er sich mir manchmal unauffällig, um mir etwas in die Hand zu drücken, damit ich mir Bedürfnisse erfüllen konnte, die ich nicht zugeben wollte – Wolle zum Weben, Leinen, um zwei oder drei Kleider zu reparieren, oder Schleier. Er hatte mich niemals im Stich gelassen, obwohl ich von ihm fortgegangen war. Ja, so war er ...

Diesmal allerdings wusste ich sofort, dass er wegen etwas anderem gekommen war: Er wollte uns einen Ort vorschlagen, wo wir vor Denunzianten geschützt übernachten konnten.

"Zebedäus, warum flüsterst du so? Bitte sprich normal mit mir und sorge dich nicht, niemand beobachtet uns ..."

"Glaubst du wirklich? Du bist nicht vorsichtig genug. Ich weiß, dass ihr Orte zum Übernachten sucht. Zu viele Türen haben sich schon vor euch geschlossen, oder nicht? Viele haben Angst. Aber ich ... ich kann euch mein Haus anbieten. Es gehört ja auch immer noch dir. Meine Söhne sind fortgegangen, wie du weißt, daher würden wir kein Aufsehen erregen. Jakobea, du und die paar anderen, die euch begleiten, ihr könnt alle kommen und dort Unterschlupf finden. Auch Chalphi bietet euch dort oben gerne seine Schafställe an. Niemand kommt jemals dorthin. Wir wollen unseren Teil beitragen, Shlomit! Ich will nicht, dass du leidest oder es dir an irgendetwas fehlt. Du bist mir wichtig, du wirst mir immer wichtig sein. So ist es nun mal ... du bist in meinem Herzen."

Ich blickte Zebedäus in die Augen. War er nicht immer noch mein Ehemann? Fast hatte ich ihn vergessen, als würde er zu einem anderen Leben gehören. Er brachte mich völlig durcheinander ...

"Du bist mir auch wichtig", antwortete ich ihm mit Tränen in den Augen. "Wir nehmen deine Gastfreundschaft freudig an. Immer von einem Ort zum nächsten zu wandern, ist anstrengend."

"Gut, das ist gut", sagte er einfach, und auf seinem hageren Gesicht breitete sich ein strahlendes Lächeln aus.

Ich sah ihn fortgehen, leicht gebeugt, aber leichteren Schrittes, wie befreit von etwas, das er zu lange mit sich herumgetragen hatte.

Hatte ich, ohne es jemals zu beabsichtigen, ihn dazu gebracht, sich zu verschließen? Ich wollte nicht weiter darüber nachdenken und stand auf, um zu Jakobea zu gehen.

Ich habe nie gewusst, ob Zebedäus nur einen Moment lang geglaubt hat, ich würde seine Einladung annehmen, aber noch am selben Abend traten meine Schwester und ich tief bewegt durch die Tür meines alten Hauses.

Zebedäus erwartete uns gemeinsam mit Chalphi. Bei ihrem Anblick im Halbschatten spürte ich Jakobea neben mir hochschrecken. Es kam so unerwartet, als hätten unsere Ehemänner gleichzeitig den Wunsch gehabt, uns fernab von den Blicken der anderen wiederzusehen.

Hatten wir je wirklich begriffen, wie sehr sie gelitten hatten, als sie uns hatten gehen sehen, als wir sie verließen, um uns dem Meister anzuschließen? Und hatte uns gekümmert, welches Gerede sie unweigerlich mitangehört und ertragen hatten? Zweifellos hatten sie auf ihre Art genau verstanden, welche Rolle ihnen zukam und was der Ruf Jeshuas bedeutete.

An all das dachte ich, an ihr Stillschweigen und ihren großzügigen Verzicht, als Zebedäus schüchtern meine Hand nahm, um mit mir auf die große Terrasse zu gehen, auf der wir einst vor meinem Fortgehen wunderschöne, friedliche Momente der Zweisamkeit verbracht hatten.

Wie viele andere fragte auch er mich, was seit der Regeneration des Meisters alles geschehen war. Aber war es wirklich das, was ihn mehr als alles andere beschäftigte? Im tanzenden Schein der Öllampe sprachen seine Augen zu mir immer noch in der Sprache der Liebe, wie früher, auch wenn er versuchte, es zu verbergen.

Ich erinnere mich noch gut daran ... Es war ein wundervoller Abend unter Sternen, an dem wir uns zuflüsterten, was wir alles erlebt hatten und was sich hier und da ereignet hatte. Es war auch eine Nacht mit langen Momenten des Schweigens, Hand in Hand, bevor wir einschliefen. Es gab nur Zärtlichkeit, und sie war wie Balsam für meine und auch für Zebedäus' Seele, da bin ich mir sicher ...

Und als ich Jakobea lachend und mit lauter Stimme Chalphi von ihren letzten Jahren beim Rabbi erzählen hörte, wusste ich, dass auch sie glücklich über diese Ruhepause in unserem so gefährlich gewordenen Leben war.

Auch wenn Liebe auf verschiedene Weisen gelebt werden kann, *ist* sie. Und sie bleibt bestehen, über die Illusion der Trennung hinaus, wenn sie auf Respekt und Authentizität beruht.

Am Tag darauf, als Jakobea und ich ausgeruht und zufrieden unsere Taschen nahmen, um uns wieder den anderen anzuschließen, sprachen wir noch einmal über die, die Jeshuas Regeneration abstritten und für die Idee seiner Wiederauferstehung eintraten.

Meiner Seelenschwester und mir fiel es sehr schwer zu verstehen, warum wir nun Seine Regeneration verschleiern sollten und "man" uns immer öfter aufforderte, sie zu verhehlen.

Warum wollten sie das? Und wer waren überhaupt "man" und "sie"? Ich musste an Worte von Johannes denken, der studiert hatte und uns immer wieder zum Staunen brachte, und erinnerte meine Schwester daran.

"Erinnere dich, Jakobea, was Johannes uns allen einmal erklärt hat. Seine Worte kommen mir immer wieder in den Sinn.

Er wollte uns zu verstehen geben, dass die Idee oder das Prinzip der Wiederauferstehung schon seit jeher ins Gedächtnis aller Männer und Frauen eingepflanzt ist. Er versicherte uns sogar, dass es so auch im Land der Roten Erde[5] war und der Meister es ihn lehrte, während ein Teil von Ihm schon ahnen musste, was geschehen konnte.

---

[5] S. Mythos um Osiris, der mit Isis' Hilfe aus dem Totenreich zurückkehrte. Heute würde man von Archetypen sprechen.

Damals hat Johannes uns auch gesagt: *'Es gibt einige, die den Meister vergöttlichen wollen, was ihnen vielleicht auch gelingen wird, denn sie können nicht verstehen, dass Er nicht deswegen gekommen ist. Sie können es nicht, weil es zu groß für sie ist. Deshalb müssen sie Ihm einen Thron, eine Statue errichten. So ist es immer. Blickt in sie hinein, ihr werdet sehen ...'*

Erinnere dich, wie sehr uns diese wenigen Worte geprägt haben", fügte ich hinzu. "Wir waren mit Martha dabei, und wir alle drei, das ist jetzt so klar, wollten uns nicht die Namen derer merken, die sich plötzlich von uns abgewandt hatten, und auch nicht, wo die Häuser lagen, deren Türen sich nie mehr für uns geöffnet hatten.

Dadurch, dass wir uns nicht die Bilder von Furcht, Feigheit und sogar Verrat einprägten, blieben wir Dem treu, Der uns so vieles gelehrt hatte und von Dem wir wussten, dass Er noch irgendwo lebte ..."

Doch auch wenn ich es noch nicht zu sagen wagte, sogar nicht zu Jakobea, spottete ich insgeheim ziemlich darüber, welchen Unterschied man zwischen Regeneration und Wiederauferstehung machte.

Meiner Ansicht nach kamen Jeshuas Macht und Licht nicht daher, sondern von der Großartigkeit dessen, das Er in uns allen wecken wollte. Er hatte niemals gewollt, dass man ihn verehrt, und auch nicht, dass man Lügen verbreitete, vor allem nicht darüber, was Er war oder nicht war.

Seine Großartigkeit kam von dem unbeschreiblichen Atem, der mehr war als menschlich, uns jeden Tag mehr durchdrang und uns oft das Gefühl gab, trotz der Gefahren des Lebens, für das wir uns entschieden hatten, unbesiegbar zu sein.

Es war folgerichtig, vernünftig und unsinnig zugleich. Ich weiß noch, dass ich manchmal mitten in der Nacht mit der Empfindung aufwachte, dass meine Gedanken nicht mehr existierten und durch einen Blick ersetzt worden waren, der alles von oben sah und vieles verstand, weit über die kleine Shlomit am Wegesrand hinaus. Es war eine Intelligenz, die mehr war als Intelligenz ... eher ein formloses Wissen, das jedes Verständnis überstieg.

Bei unseren Treffen liebte Johannes es sehr, über diesen Seins- oder eher Bewusstseinszustand zu sprechen, den nicht nur ich erfuhr und der einige von uns mitunter beunruhigte. Für ihn war es der Beweis dafür, dass das Siegel, das Jeshua unseren Seelen aufgeprägt hatte, sein Werk vollbrachte und *durch* es *alles* geschehen würde.

Aber was war dieses *alles*?

2. Kapitel

Die Erschütterung

Und dann kam dieser Tag, dieser so seltsame Tag, den niemand von uns sich hätte vorstellen können, an dem ein Mann auf einem Maultier vor einer Scheune in der Nähe des inzwischen unbewohnbar gewordenen Hauses von Miriam in Migdel auftauchte. Es war ein annehmbarer Unterschlupf, wo wir manchmal für ein paar Nächte Zuflucht suchten.

Das Gesicht des Mannes war uns nicht unbekannt, aber er musste sich erst vorstellen, bevor wir wussten, wer er genau war, und ihm unser Vertrauen schenken konnten. Seinen Namen weiß ich nicht mehr, aber er stellte sich als Bote von Joseph vor, der, offenbar fiebrig und im Wissen, beobachtet zu werden, sich nicht selbst hatte aufmachen wollen, um auf gut Glück unsere Verstecke nach uns abzu-suchen.

Zuerst glaubten wir dem Mann kein Wort. Ich erinnere mich auch, dass er so unbeholfen sprach, dass wir ihn mehr-mals baten, sich zu wiederholen. Die Botschaft lautete: Joseph forderte uns auf, ihn unverzüglich in der Nähe von

Akkon aufzusuchen, weil wir das Land schnellstmöglich verlassen mussten.

Zuerst dachten Jakobea, ich und ein paar andere, dass er nur zu Miriam gesprochen hatte. Aber weit gefehlt: Er meinte uns alle.

Spontan wies ich alles von mir, und ich weiß, dass ich nicht die Einzige war, denn ich sah zwei oder drei von uns mit den Schultern zucken. Das konnte doch nicht sein! Es war unsinnig! Joseph verlangte also von uns, sozusagen zu fliehen?

Das würde bedeuten aufzugeben, unser Land, unsere Ufer zu verlassen, denjenigen zurückzulassen, den ich endlich wiedergefunden hatte, meinen geliebten Zebedäus, aber vor allem, den Atem aufzugeben, zu dessen Trägern der Meister uns gemacht hatte ... Das war unmöglich!

Natürlich war die Lage sehr schwierig und gefährlich geworden. Wir alle wussten, dass man die Scharmützel und Toten in den Dörfern schon gar nicht mehr zählte. Noch dazu wollten einige sich mit den Römern anlegen und verkündeten laut, dass der "Rabbi in Weiß" noch lebte. Was natürlich zu noch mehr Blutvergießen führte.

Glaubten die lautstarken Rufer auf dem Land, in den Dorfgassen und am Ufer des Sees Genezareth wirklich daran? Wie konnte man sich da sicher sein? Wir bezweifelten, dass sie ehrlich waren.

Uns schien es eher eine Art Schlachtruf zu sein, mit dem die gewalttätigsten Zeloten zum Widerstand aufriefen. Zweifellos war "Jeshua, der Wiederauferstandene" für sie zu einem Argument geworden, zu einer unverhofften Waffe, die das Schicksal ihnen beschert hatte. Doch wo war Sein Wort in all dem? Die meisten scherten sich kaum darum, denn sie hatten endlich ihren *Messias* gefunden, sogar gegen Seinen eigenen Willen.

Von Barabbas sprach man gar nicht mehr. Einige behaupteten, er sei in einem Hinterhalt bei Bethanien gestorben, andere, in der Nähe von Jericho, und wieder andere, er sei unweit der Küste an einem Galgen aufgehängt worden.

Sicher war, dass hier und da kleine Anführer aufgetaucht waren, wie um ständige Spannungen mit Rom und seiner Armee aufrechtzuerhalten.

Und da verlangte Joseph von uns zu fliehen! Ich war mutlos und wurde noch mutloser und ohnmächtiger, als ich die Empörung in Miriams Augen sah. Also verstand auch sie das alles nicht ...

In all der Bestürzung und Verzweiflung konnte ich der Idee nicht widerstehen, einen eigenen Boten zu Zebedäus zu schicken, um ihn zu bitten, uns in Akkon zu treffen, und vor allem, um ihm zu sagen, niemandem etwas davon zu erzählen und absolut verschwiegen zu bleiben ... und dass ich ihm alles erklären würde.

Ich musste ihn benachrichtigen. Ja, es musste sein, unbedingt, auch um ihm zu sagen, dass ich seine Nähe brauchte, und sei es nur, um mich von ihm zu verabschieden, wenn es denn sein musste. Es sei denn, dass auch er ... Ich hoffte es insgeheim in meinem Herzen.

Ihm diese Botschaft zu übermitteln, war ein Risiko, das ich eingehen wollte, und ich vertraute dem Gesandten, den ich dafür im Sinn hatte. Er war ein Mann, den ich mit seiner kleinen Tochter einmal behandelt hatte. Er war mir immer sehr gut gesinnt gewesen, und zufällig lebte er nicht weit entfernt. Ich fand ihn auf seinem Feld, und er las wohl eine Art Flehen in meinen Augen, denn er versprach mir sofort, schnellstmöglich Zebedäus aufzusuchen und dafür direkt einen Fischer mit einem Boot ausfindig zu machen.

Natürlich wusste er nicht im Geringsten, was uns nach Akkon trieb, aber ihm genügte meine Bitte, Zebedäus auszurichten, dass ich ihn dort treffen wollte. Und meine Bitte enthielt noch eine weitere: Könnte Zebedäus mir wohl ein Kleid mitbringen, Sandalen, einen wärmeren Mantel oder auch eine kleine Decke, denn die wenigen Kleidungsstücke, die ich besaß, waren nur noch Lumpen, die ich unmöglich noch einmal reparieren konnte.

Aber vielleicht war es ja gar nicht mein Körper, dem so kalt war. Vielleicht war es vor allem meine wehmütige Seele, mein sorgenvolles Herz, denen vor all dem Ungewissen bangte. Ich war immer so sehr dem Meister gefolgt! Und nun mussten wir diese von ihm durchdrungene Natur verlassen, wo ich so gerne lebte. Dieses Land war wie ein Fundament für meine Seele, es war ich, und es war auch, was Er mir übermittelt hatte. Mein Nährboden ... Meine Seele war so empfindsam, vielleicht zu sehr ...

Wie viele Trennungen würde ich noch erleben müssen? Ich wusste es nicht. Niemand konnte das für sich sagen, denn jeder rang mit seinem eigenen Schmerz. Wohin sollte das führen, ständig geliebte Menschen verlassen zu müssen? Es kam keine Antwort ...

In jener Nacht brauchte ich lange, um einzuschlafen. Auch Jakobea, die neben mir lag, hatte eine unruhige Nacht, und ein paar Schritte entfernt hörten wir Bathseba weinen.

Für einen kurzen Moment machte ich mir Vorwürfe, Jakobea nichts über meine Nachricht an Zebedäus erzählt zu haben. War es die Angst, zu viel preiszugeben? Etwas zu verraten? Schließlich hatte auch sie ihren Chalphi wiedergefunden, und ich hatte ihre Augen öfter als früher lächeln sehen, wenn er da war. Ich spürte wohl, dass sie losgelöster von ihrer Vergangenheit als Ehefrau war als ich.

Ich gestand es mir wie mit einem lauten inneren Schrei ein. Es war wie eine Ohrfeige nach all der Zeit ohne Zebedäus. Wie großzügig er gewesen war! Selbst nach all den Jahren, ob ich es wollte oder nicht, war ich noch immer seine Ehefrau und liebte ihn weiterhin, diesen frommen, guten Mann. Ich liebte ihn zutiefst, vor allem, seit Jeshua begonnen hatte, die Wunden zu heilen, die die Männer in mir hinterlassen hatten. Das machte sein Fehlen noch schmerzhafter.

Während ich neben Jakobea und den anderen in der alten Scheune lag, die uns vor der nächtlichen Kälte schützte, kamen mir Teile eines Gesprächs in den Sinn, das der Meister und ich einmal geführt hatten, und mir rannen Tränen wie Sturzbäche über die Wangen, die sich mit meinen langen Haarsträhnen vermischten. Auch manche Bilder kamen wieder hoch ...

Ich sah Zebedäus in einem winzigen Innenhof auf einer Matte Jeshua gegenübersitzen. Mein Ehemann war durcheinander, erschüttert, wie auch ich, die mit gesenktem Kopf unter einem nachtblauen Schleier neben ihm saß. Wir waren am Boden zerstört.

Bei dieser Erinnerung musste ich etwa neun Jahre zurückdenken, an unser Dorf am Seeufer, Bethsaida. Neun, vielleicht auch etwas mehr oder weniger, denn ich weiß nicht mehr genau, wie viel Zeit oder Jahreszeiten ich mit meinen Freunden an der Seite Jeshuas gewandert war, nicht einmal, wie viele Jahre seit seiner Regeneration und seinem streng geheimen Fortgang aus Galiläa vergangen waren. Zu zählen war wie eine offene Wunde, seit Er in die Ferne gezogen war. Viel lieber hielt ich Ihn in mir lebendig. Und war er das nicht auch weiterhin? Lebendig!

Ja ... Ich erinnerte mich, dass jener Tag in jenem Innenhof das allererste Mal war, dass ich *wirklich* Dem begegnete, Der zum "großen Rabbi in Weiß" geworden war. Zebedäus zufolge wünschte Er uns zu sehen. War das wirklich wahr? Mein Ehemann hatte mich schon viel zu oft seufzen und weinen gehört, um nicht zu verstehen, dass ich mir sehr wünschte, Ihn zu treffen und zu erfahren, warum Er seine Zuhörer so faszinierte.

Aber nein, ich durfte mich nicht von diesen Bildern von früher, aus einer anderen Zeit, heimsuchen und überwältigen lassen. Tief in der Nacht hörte ich Bathseba noch immer weinen. Ich ging, um ihre Hand zu halten.

* * *

28

Einen Tag nachdem wir die Botschaft erhalten hatten, brachen wir im frühesten Morgengrauen auf, liefen in der feuchten Kühle über Wege, die uns vertraut waren. Wie Jakobea hatte auch ich vom Schlafmangel geschwollene Augenlider und fühlte mich wie zerschlagen. Gemeinsam mit den anderen versuchten wir, dankbar für unser Leben zu sein.

Ich erinnere mich, wie der Mann mit dem Maultier neben uns herlief, er war genauso wenig gesprächig wie wir und ständig auf der Hut. Seltsamerweise hatte Miriam sich an die Spitze unserer kleinen Prozession gesetzt. Ich fragte mich, was sie so anspornte. Hatte Jeshua im Schlaf zu ihrer Seele gesprochen?

Hinter mir hörte ich ab und zu Simon murmeln, er fühle sich wie ein Feigling. Ich sagte nichts, wandte mich noch nicht einmal um, aber mir war die Kehle wie zugeschnürt, und ich empfand genauso wie er. Wir hatten so viel geschenkt bekommen, und jetzt flüchteten wir? So ein schwaches Gedächtnis hatten wir also? So wenig dankbar waren wir? Und Joseph, den wir für so weise und standhaft hielten, was war aus ihm geworden?

Ich hielt Jakobea am Arm und dachte an den Tag, als Jeshua uns unvermittelt gesagt hatte, dass die Menschen ein kurzes Gedächtnis hatten und dies eine ihrer Krankheiten war.

"Gebt, ohne aufzurechnen", hatte Er gesagt, *"aber erwartet nicht, dass man sich daran erinnert ..."*

Hatte Er sich da auch auf uns bezogen, darauf, was aus uns werden würde? Würden wir irgendwann schwach werden, alles vergessen und einem Fluchtbefehl gehorchen, auch wenn er von Joseph kam? Unter meinem Schleier begann ich zu weinen.

Einige Tagesmärsche später war unsere zwanzigköpfige Prozession immer noch ohne ein Wort unterwegs.

Nur wenige von uns wollten das Schweigen brechen, das von innerer Rebellion genährt wurde. Es war kühl, wie in einem schon fortgeschrittenen Herbst, und wir alle waren in alte Wollmäntel gehüllt und hatten abgenutzte große Leinensäcke an unseren Hüften baumeln. Erschöpft unter unseren Schleiern und Schals entdeckten wir schließlich in der Ferne das Kloster unserer Bruderschaft, den Karmel.

Miriam spürte, dass wir am liebsten angehalten hätten, aber sie mahnte uns, dass wir die imposante Kulisse des Gebirges überqueren mussten, da wir noch etwas weiter entfernt in einem kleinen Küstendorf bei Akkon erwartet wurden. Wir durften noch weniger Aufmerksamkeit erregen als ohnehin schon, erklärte sie uns in der Befürchtung, wir hätten es schon wieder vergessen. Nur noch wenige Meilen, und wir seien endlich am Ziel!

Und tatsächlich fiel unser Blick schon bald auf einen bescheidenen, aber lauten und lebendigen kleinen Hafen, wo Fischer und zahlreiche Frauen und Händler ihrem Tagwerk nachgingen.

Kurz darauf fiel uns eine große Gestalt mit Turban und brauner Kleidung auf. Mit lautstarker und für alle aus unserer Gruppe unverkennbarer Stimme erteilte der Mann

Befehle ... Es war Joseph! Er beaufsichtigte zwei schwere Boote mit einem großen Hauptmast und einem Rahsegel. Waren sie für uns bestimmt?

Bei ihrem Anblick verfiel ich für einen Moment in Panik. Sie hatten nichts mit unseren Fischerbooten gemeinsam! Dann würden wir also tatsächlich bald auf diesen Booten unser Land verlassen? Offenkundig wartete kein See auf uns, sondern das Meer in all seiner Unermesslichkeit. Mich beschlich die Hoffnung, dass diese Aufforderung an uns nur eine weitere Prüfung gewesen war, um unsere Bereitschaft auf die Probe zu stellen. Aber weit gefehlt!

Als er uns in der Menge entdeckte, gab Joseph, sichtlich beschäftigt, uns ein kurzes Handzeichen, dass wir zu ihm kommen sollten. Noch nicht einmal Zeit zur Begrüßung ließ er uns. Wir mussten zuhören, und uns wurde sofort klar, dass es eine Versammlungsansprache war.

Der betagte Mann sprach energisch, aber seine Augen unter den dicken, buschigen Brauen blickten fiebrig.

Ich nutzte die Gelegenheit, um mich umzuschauen. Um die dreißig Menschen hatten sich versammelt, sie standen zusammengedrängt und wie benommen da. Doch nach Josephs Worten zu urteilen, sollten nicht alle von ihnen in See stechen.

Auf einmal bemerkte ich eine Gestalt außerhalb unserer Gruppe und hatte jäh das Gefühl, dass es Zachäus war. Also auch er ... Durch welche Absonderlichkeit des Lebens, auf welchen Wegen war er hierhergekommen?

Für einen Augenblick schien es mir, dass er ein leichtes Handzeichen in meine Richtung machte. Nein ... das war nicht Zachäus. Er sah ihm nur ähnlich.

Ich gebe zu, dass ich irgendwie erleichtert darüber war, und wagte es, leicht meine zitternde Hand zu dem Unbekannten zu heben, der mich offenbar kannte oder es zumindest glaubte.

Seltsamerweise entdeckte ich weder Meryem, Johannes oder Thaddäus noch Simon-Petrus, Levi oder Andreas.

Würden sie also nicht bei uns sein? Warum nicht?

Nach Josephs eindringlicher Ansprache blieben wir alle an Ort und Stelle. Gerne hätten wir irgendwo im äußersten Winkel eines Platzes oder beim Kai gemeinsam eine Mahlzeit geteilt, aber das wäre unvorsichtig gewesen, denn wir hatten schon viel zu sehr auf uns aufmerksam gemacht. Als die Nacht hereingebrochen war, schlichen wir uns daher unauffällig an Bord, um dort zu versuchen, Schlaf zu finden.

Joseph war bereit zum Ablegen in den frühen Morgenstunden, aber der Wind wehte ungünstig. Ich dankte dem Ewigen dafür, denn dadurch gewann Zebedäus wenigstens noch ein bisschen Zeit – falls er überhaupt aufgebrochen war. Den ganzen nächsten Tag lang wartete ich still auf ihn und konnte kaum ein Wort mit Jakobea oder sonst jemandem wechseln. Nein, er würde nicht kommen ... und der Tag ging auch schon wieder zur Neige.

Plötzlich legte sich von hinten eine Hand leicht auf meine Schulter. Es war Zebedäus. Er war sichtlich erschöpft von den zurückgelegten Meilen, aber schien glücklich, mich gefunden zu haben. Er hielt ein noch schnaufendes Maultier am Zügel.

"Shlomit ... Mich hat deine Nachricht erreicht, und ich bin losgeeilt mit allem, was du mir aufgetragen hast.

Wenn ich es richtig verstanden habe, reist ihr alle ab. Warum das alles? Über das Meer? Das ist Wahnsinn ... Wohin wollt ihr reisen? Oh, es wird nicht einfach werden, ich fühle es. Ich weiß, was hier über die Gezeiten im Herbst erzählt wird und wie brutal sie sind. Ich kenne die Winde und Stürme. Und ... warte", fügte er ein wenig traurig hinzu und wies auf ein eingerolltes Segeltuch, das an den Flanken seines Maultiers befestigt war, "dies ist eine meiner Schutzdecken, sie wird dir auf dem Boot nützlich sein, denn dein Leinen und alles, was du in deinem Beutel hast, wird nicht ausreichen."

"Du kommst also nicht mit? Ich hatte gehofft ..."

"Nein, Shlomit, nein ... Du weißt doch, ich bin ein Mann im Herbst seines Lebens, und du weißt auch, ich gehöre meinem See. Meine Familie ist hier, ich habe meine Söhne, und außerdem wurde ich nicht zu dieser Reise gerufen. Du wurdest dafür ausgewählt. Also bin ich gekommen, um dir Lebewohl zu sagen ... ein weiteres Mal, aber nun glaube ich, das letzte Mal", murmelte er, nahm meine Hand und zog mich an sich.

Er verbarg sein Gesicht in meinem Haar, und ich hörte ihn weinen. Er flüsterte mir zu, dass er schon seit einer Weile geahnt hatte, dass wir fortmussten, um uns vor den immer feindseligeren Römern zu schützen und auch vor denen, die zu Denunzianten geworden waren. Ich musste den Tatsachen ins Auge sehen, es gab zu viele Denunzierungen. Unser Leben war in Gefahr ... und für ihn war es keine Feigheit, sondern eine Notwendigkeit.

Dem "großen Joseph", wie man ihn immer genannt hatte, war bestimmt vom Meister etwas mitgeteilt worden, so leidenschaftlich, wie er trotz seines hohen Alters auftrat. Zweifellos wurden er und auch wir von "etwas" getragen. Und dieses "etwas", davon war er überzeugt, musste der Atem Jeshuas sein.

Ich glaube, mir wurde noch kälter, und ich bekam noch mehr Angst. Ich war wie erstarrt. Ich sah, dass Zebedäus wusste, was geschah, aber nicht anders reagieren konnte und angesichts des Unabwendbaren genauso verzweifelt war wie wir. So war es also, wir würden auf diesen Booten fortreisen.

Unter Tränen und ohne irgendeine Abschiedsgeste sah ich ihn rasch in der Menge der Händler und Fischer verschwinden. Wie viele Männer mochte auch er keine endlosen Verabschiedungen.

Sofort hielt ich nach Jakobea Ausschau, sie war nicht sehr weit entfernt, stand da wie gebeugt von dem "Zuviel", das auch ihr abverlangt wurde. Hatte sie einen Moment lang gehofft, Chalphi irgendwo in Zebedäus' Nähe zu entdecken, dessen Hiersein sie wohl gar nicht überrascht hatte? Sie äußerte sich nicht dazu und blickte mich mit leeren Augen an. Auch sie verstand nicht, was gerade vor sich ging.

Plötzlich drehte sich Miriam, die Ehefrau des Meisters, zu mir um und lächelte mir zu. Sie hatte es an sich, das kleine verängstigte Tier in mir zu sehen. Es war ein undefinierbares Lächeln, aber ich wusste, dass es von ihrer eigenen Resignation sprach und mich aufzurichten versuchte, mich aber vor allem daran erinnern wollte, was Er uns anvertraut hatte. Ich glaube, es war dieses Lächeln, das schließlich mein Blut wieder zum Fließen brachte und mich ermutigte, weiter vorzutreten, um besser zu verstehen, was Joseph uns noch zu sagen hatte. Ich hörte ihn sehr gut, auch wenn er diesmal seinen Tonfall etwas mäßigte.

"Meine Brüder und Schwestern, ich höre eure Sorgen und Ängste. Ich durchlebe sie in meiner Seele. Wir werden zweiundzwanzig sein, zweimal elf, und uns auf diese beiden Boote aufteilen, um erst an der Küste entlang und dann in Richtung des Landes Kal zu segeln. Ich habe keine besseren Boote gefunden. Es sind zwei meiner eigenen, sie sind alt, aber robust. Unsere Reise wird offiziell eine Handelsreise zum Hafen von Naukratis im Nildelta im Südosten Alexandrias sein. Ihr seid nun Händler. Unter diesem Deck befinden sich ein paar Waren zum Tausch oder Verkauf. Das, was mir noch bleibt ... Ich habe Proviant beschafft, und in jedem Hafen, in dem wir anlegen, wir werden uns neuen besorgen."

Joseph hielt einen Moment inne, um Luft zu holen, die ihm ein wenig zu fehlen schien, aber auch, weil ein starker Wind wehte, der ihm das Sprechen erschwerte. Was ihm von seinem langen Haar geblieben war, verbarg er unter einem Wolltuch, mit dem er sich den Kopf einwickelte. Dann fuhr er fort:

"Ich hätte euch noch vieles zu erzählen, meine Freunde ... Ich werde meine Ängste und Sorgen nicht vor euch verstecken, aber erinnern wir uns an die Flamme, die Er in unserer Brust entzündet hat. Dieses Feuer, das uns trägt, wird unsere Widerstandskraft stärken, um an einen Ort zu segeln, den ich nicht genau kenne ... Der Meister bittet uns, in die Ferne zu reisen, natürlich, um am Leben zu bleiben, aber auch, um zu geben, was wir in all den Jahren empfangen haben, in denen Er uns unterwiesen hat. Es geht nicht um Flucht, sondern um Selbstschutz, und ich sage es nochmals, es geschieht auf Seine Bitte. Wir sind nicht auf der Flucht, sondern wir segeln weiteren Horizonten entgegen!

Ich weiß, dass ihr euch fragt, warum einige von uns nicht hier sind. Ich weiß das, aber ich werde nicht geschwätzig sein, denn es steht mir nicht zu, euch mehr darüber zu sagen. Es wäre zu riskant.

Zweiundzwanzig von euch werden also aufbrechen und denselben Seelenatem teilen, und ich werde nicht für euch entscheiden, wer auf welchem Boot sein wird. Wir alle wissen, dass zwischen einigen von euch schon seit langer Zeit starke Bande bestehen. Diese Bande werden euch auf der Überfahrt Kraft schenken. Nun denn, folgt eurem Herzen auf dieser Reise, die gewiss nicht einfach wird. Der Herbst beginnt, und das Segeln ist wie schon am Ende des Sommers wegen der Winde schwierig. Für eine Reise in diese Richtung ist es noch sehr früh in der Jahreszeit, aber leider bleibt uns keine andere Wahl."

Jakobea ließ ihre Hand in meine gleiten, Simon blickte uns an, dann Miriam, und gemeinsam gingen wir auf das erste Boot, dessen rundlicher Rumpf quietschend am Kai schabte. Auch Joseph war auf diesem Boot. Mit feierlichem Blick unter den buschigen, rebellischen Brauen streckte er Miriam aus Migdel die Hand entgegen, dann dem jungen Markus, seinem Enkel, dann mir, Jakobea, Simon und seiner Ehefrau, Bathseba, Martha und noch paar anderen.

Auf das zweite Boot sah ich Sarah und andere Gefährten gehen, denen wir auf den Wegen unseres geliebten Galiläa so oft begegnet waren. Ich werde sie nicht nennen, da ihre Namen im Laufe der Zeit oft geändert oder vergessen wurden und wir sie vor allem an ihren Blicken erkannten ...

Ich weiß noch, dass ich, auf dem kleinen Bootsdeck angekommen, den Kopf zum Himmel und zu dem großen Segel erhob, das über unseren Köpfen schwebte. Miriam hatte sich bereits mit Joseph im vorderen Bereich niedergelassen. Jakobea und ich zogen uns in den hinteren Teil zurück und setzten uns auf große Holzbänke, die mit groben Tüchern bedeckt waren. Dies war also unser Schicksal, wir würden aufbrechen nach ... irgendwohin auf der anderen Seite des Meeres.

Ins "Land Kal", wie Joseph gesagt hatte! Niemandem von uns sagte das etwas. Da wir kein aufmunterndes Gesprächsthema finden konnten, blieb uns nur, schweigend den drei oder vier Männern der Besatzung beim Verstauen unseres Proviants zuzusehen.

Mein Kopf war leer, ich war zu keinem Gedanken fähig, und das Herz klopfte mir bis zum Hals ... was konnte ich da noch tun? Beten vielleicht.

Hatte Er uns nicht genau das gelehrt? Zu beten und der "Intelligenz des Vertrauens" zu folgen. Dieser so geheimnisvollen Intelligenz! Vertrauen darin, dass der Meister uns beschützen würde und alles genau so sein musste, wie es war. Auch wenn wir Ihn nicht unter uns sahen, so fühlte ich doch, dass Er da war, er stand *mit* uns auf diesem Boot. Ich hatte mir diese Reise niemals gewünscht, und schon gar nicht, die Ufer meines Landes für immer zu verlassen. Nein, ich hatte nicht darum gebetet, aber ich hatte einen Atem gerufen, *den* Atem ...

Und so begann ich unversehens, innerlich zu beten, bis ich spürte, wie eine Flamme meinen schmerzenden, vor Kälte erstarrten Körper wärmte. In mir blähte sich ein Segel ähnlich wie das, das am Mast gehisst wurde. Worte strömten mir über die Lippen wie eine geflüsterte Litanei ... Nichts als das Gebet und ich. Frieden kehrte in mir ein, und bald darauf fühlte ich mich glücklich und ruhig.

Für einen Moment ging mir unter meinen geschlossenen Lidern der feurige Blick des Meisters direkt ins Herz. Und da begriff ich, dass ich am richtigen Ort war, den meine Seele unwissentlich schon immer verlangt hatte. Was machte diese Reise schon aus! Ich legte mein Vertrauen in Seinen Willen. Die Zeit war gekommen, um Das, was Er mir geschenkt hatte, voll und ganz weiterzugeben, ohne dabei jemals nachzulassen.

Auf einmal gab es ein dumpfes Geräusch, dann riefen Männerstimmen, dass das Boot vom Kai ablegte. Es war das letzte Mal, dass wir die Ufer Galiläas sahen.

Schon wenig später erblickten wir in geringer Entfernung den Hafen von Akkon, und ein paar spielende Kinder am Strand wurden immer kleiner, bis sie schließlich ganz verschwanden. Nun gab es nur noch das Meer und uns ...

Mit windgepeitschten Segeln stoben unsere Boote durch die Wellen ...

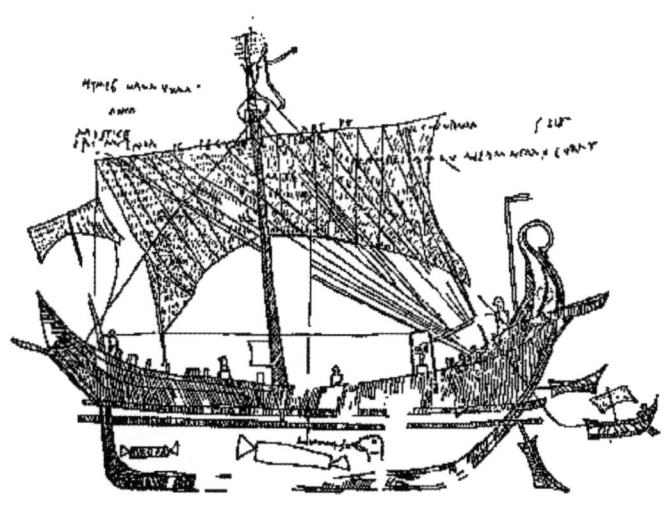

Zeichnung aus dem 1. Jahrhundert unseres Zeitalters, gefunden in Pompeji, die den damals genutzten Handelsschiffstyp im Mittelmeerraum zeigt.

3. Kapitel

Die Überfahrt

Ich weiß nicht, wie lange wir brauchten, um den Hafen von Naukratis zu erreichen, aber die Reise erschien mir nicht sehr lang, da wir die Küste nicht allzu oft aus den Augen verloren. Unsere Boote, die oft Seite an Seite segelten, glitten mit Leichtigkeit durch die Wellen, während wir unsere Gesichter und Köpfe verhüllten und der Wind uns schonungslos durchrüttelte.

Meist kauerte ich mich in Wolltüchern aufs Deck, da ich die lebhafte Meeresbrise nicht gut vertrug. Sie machte mich schwindelig und bereitete mir Kopfschmerzen, die meine Gedanken durcheinanderwirbelten. Trotz allem nahm ich meine Kräfte zusammen und war Zebedäus dankbar, dass er mir sein Segeltuch gegeben hatte, um mich besser vor Wind und Regen zu schützen. Er hatte es geahnt. Das Segeln barg für ihn keine Geheimnisse mehr, denn er hatte es sein Leben lang getan … Einen Moment lang sah ich sein gutmütiges, zerfurchtes Fischer-Gesicht und seinen freundlichen Blick vor mir. Ein Gesicht, das viele Stürme, die brennende Sonne und auch Schmerzen überstanden hatte. Würde ich eines Tages keine Schuldgefühle mehr haben?

Zum Glück war sein Tuch groß genug, dass auch Jakobea und Bathseba oft zu mir darunter kamen. Miriam hingegen schien sich nicht so unwohl oder empfindlich zu fühlen wie wir, denn sie stand oft gedankenverloren an den Bug gelehnt, selbst wenn ich ihr an Fingern und Füßen ablesen konnte, dass sie es kaum erwarten konnte, endlich anzukommen.

In solchen Momenten beobachtete ich immer meine Reisegefährten. Simon schien besonders besorgt zu sein. Mit dem Arm um die Taille seiner Ehefrau setzten ihm nicht nur der Wind, sondern eine Menge Fragen zu, auf die es keine Antwort gab. Markus saß auf einer Holzbank und blickte verloren in die Ferne. Drei Schritte von ihm entfernt stand Martha in Josephs Nähe. Vielleicht hoffte sie ja, dass er ihr ein Geheimnis anvertraute ... Obwohl er sehr müde war, suchte er immer wieder den Horizont ab und war ständig in Alarmbereitschaft.

Ich weiß noch, dass er kurz vor Joppa der Besatzung befahl, weiter hinauszusegeln, da dort mehr Schiffe sein würden, und zwar nicht nur unter römischer Flagge, sondern auch Boote von Fischern und Händlern, die von überallher kamen.

Wer hätte ihm da widersprechen wollen? Waren wir misstrauisch oder einfach nur vorsichtig?, fragte ich mich. Ich glaube, dass wir vor allem Angst hatten und die Übelkeit, die einige von uns überfiel, nicht nur dem Wellengang geschuldet war.

Und dann eines Morgens zeigte Jakobea auf die Küstenlinie. Sie schien eine andere Farbe angenommen zu haben.

"Das ist das Land der Roten Erde", sagte Joseph. "Wir sind bald in Naukratis. Es gibt dort viele Schiffe, viel Handel, und es ist sicherer als Alexandria. Morgen früh werden wir wieder von dort ablegen."

Joseph sprach abgehackt und präzise, wie ein Anführer, der nicht diskutieren will. Ich fühlte die ganze Last und die Sorgen, die auf ihm ruhten.

Was lässt sich über die Nacht sagen, die wir im Hafen verbrachten? Nichts ... Die Luft schien uns unerträglich, es roch nach einer Mischung aus sämtlichen Gerüchen der Welt und Trockenfisch. Auf den Kais sprach man Griechisch und andere Sprachen, die mir fremd waren. Ich verstand nichts, wie übrigens auch die meisten anderen von uns. Als daher die Besatzung schon zu sehr früher Stunde das Segel zum Hissen bereit machte, um wieder in See zu stechen, war das eher eine Erleichterung für uns ...

Wie Bathseba, die nicht zögerte, es laut zu sagen, wollte ich lieber auf See sterben, als mich weiter zu verstecken, denn die römischen Soldaten waren da, irgendwo. Sie waren einfach überall!

Und dann kam mir plötzlich die Frage in den Sinn: "Hat man hier eigentlich jemals vom Meister gehört?" Ich bekam keine Antwort. Noch nicht einmal von Joseph, dem ich sie ins Ohr geflüstert hatte. Wenn das stimmte, wenn Sein Wort noch nie bis hierher vorgedrungen war, was war davon zu halten? So viel Schönheit und Macht, so viele Wunder und schließlich so viel Leid, und doch war all das nicht weiter gelangt? In diesem Moment zweifelte ich vielleicht. Ich schämte mich ... Ich weiß es nicht mehr.

Ich wartete und sagte nichts weiter, da antwortete Joseph mit müder Stimme: "Jeshua ist in seiner Jugend durch Alexandria gekommen ..."

Dann endlich fanden unsere beiden Boote aus dem Nilarm hinaus, der sich ins Meer ergoss, und wir entdeckten das unglaubliche Gefühl, frei zu sein.

"Weißt du, wie viele Tage wir nun kein Land sehen werden?"
Miriam wusste keine Antwort auf diese Frage, die ihr einige von uns stellten. Ihr zufolge wusste es auch Joseph nicht genau. Es würde vom Wind abhängen.

Joseph selbst schlummerte fürs Erste unter seiner Decke, als wäre er plötzlich erleichtert, uns "befreit" zu haben. Ich wage zu behaupten, in diesem Moment eine gewisse Freude verspürt zu haben, als ich Miriam und Jakobea an mich drückte. Wie konnten Sorgen und Freude so nahe beieinanderliegen? Nach so vielen Wundern und Schrecken waren sie wie Nachbarn in unseren Herzen geworden!

Wir wussten lediglich, dass wir nach Nordwesten segelten und der Besatzung zufolge hoffen konnten, sechshundert oder siebenhundert Stadia pro Tag zurückzulegen, falls der Wind günstig war[6].

---

[6] 1 Stadion entspricht 185 Metern, 700 Stadien entsprechen somit 129 Kilometern

Mit ein wenig Glück und wenn wir den Nachthimmel gut lesen konnten und die Farben des Wassers, das Licht und die wechselnden Wolkenformen aufmerksam verfolgten, müssten wir irgendwann in Sichtweite einer Insel namens Krete[7] kommen. Das Schwierigste lag also vielleicht noch vor uns ...

Hin und her gestoßen auf einem Boot, mit dem die Wellen spielten, trotz meines Schleiers von der Herbstsonne verbrannt und immer noch mit Übelkeit kämpfend sagte ich mir, dass wir alle verrückt gewesen waren, Galiläa zu verlassen, um hier zu landen, zweiundzwanzig bedauernswerte Narren, verloren auf See, die nicht wussten wohin und noch immer vor den allgegenwärtigen Römern flohen. Hatte der Meister all das *wirklich* gewollt?

Wirklich? Ich wusste nicht mehr ein noch aus. Abwechselnd blickte ich meinen Gefährten in die Augen, wenn ihre Lider gerade nicht geschlossen waren, und sah nur eine Art Leere darin, selbst bei Miriam, auch wenn sie versuchte, es vor mir zu verbergen.

Aber vielleicht war all das für sie ja eine Art heilige Preisgabe, ein ultimatives, namenloses Vertrauen. War es Sinnentleertheit?

Jeshua hatte mehrmals zu uns über diesen Zustand gesprochen, den er offensichtlich sehr gut kannte. Er hatte ihn als Insel beschrieben, auf die sich jeder flüchten konnte,

---

[7] Kreta, ebenfalls unter römischer Herrschaft

wenn alles schlecht verlief oder sogar auch, wenn alles gut verlief. Hatte er Miriam womöglich sein Geheimnis gelehrt?

Hin und wieder, wenn der Wind es zuließ, wechselten wir mit lauter Stimme ein paar Worte mit "den Elf" auf dem anderen Boot, das sich bemühte, möglichst nah bei uns zu bleiben. In wenigen Worten riefen wir uns unsere Hoffnungen und Sorgen zu. Hier und da fiel sogar manchmal ein kleiner Scherz. Das lockerte unsere Stimmung etwas auf, aber unter meinem Schleier war mir nicht wirklich nach Lachen zumute.

Manchmal aßen wir ein paar von der Sonne und vom salzigen Wind getrocknete Fladen, Erbsen, Feigen und Oliven und teilten Wasser miteinander. Oh, wie meine Seele, unsere Seelen auf diesem Boot verdursteten! Mein Körper wurde schwächer, und Jakobea hatte zu sprechen aufgehört.

Mit einem Mal ertönte eine laute Stimme, die mich aus meiner Benommenheit riss. Joseph stand da, mit strahlendem Blick unter den mächtigen weißen Augenbrauen, und strich sich den Bart.

"Schweigt still! Seht dort drüben ..."

Sein Finger wies zum Horizont vor unserem Boot, wo die Gischt an der Reling schäumte.

"Seht!", rief er erneut.

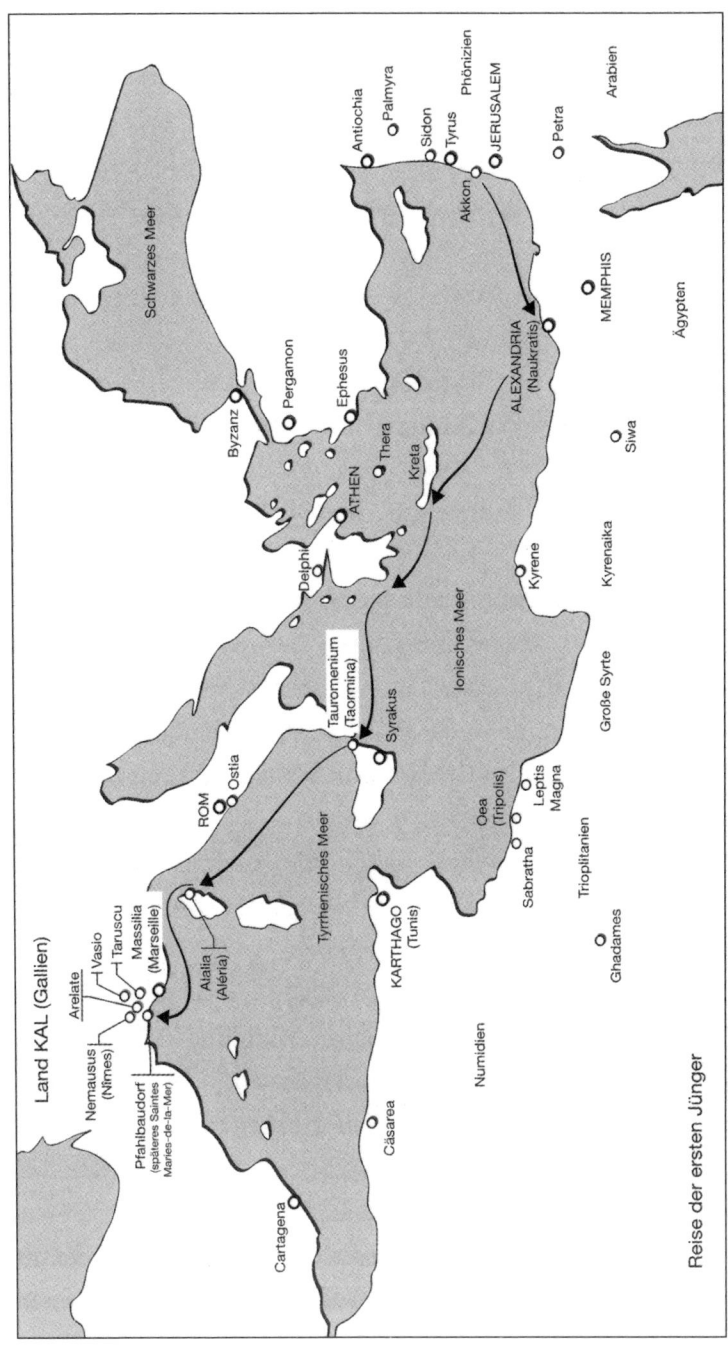

Blinzelnd richtete ich mich auf, während hier und da immer mehr Rufe ertönten. Weit vor uns und auch etwas rechts von uns, etwas über die silberne Linie des Horizonts hinausragend, war etwas zu erkennen. Eine Küste, ockerfarbene Felsen ... Genaueres konnte ich nicht ausmachen.

"Das ist der Beweis, dass Er bei uns ist!", rief jemand.

Ich weiß noch, dass es mich schon fast schmerzte, das zu hören. Es war eine Äußerung, die mir so kindisch vorkam, weit entfernt vom Geist der Stärke und Unabhängigkeit, den der Meister an uns hatte weitergeben wollen!

Nein, es war einfach nur der Beweis, dass Josephs Seeleute das Boot gut gesteuert hatten. Wenn wir uns Beweise für Jeshuas Anwesenheit erhofften, dann mussten wir in uns selbst danach suchen, denn da draußen gab es in allen Himmelsrichtungen nur Hindernisse und Schwierigkeiten ...

Wir mussten einfach erkennen, dass die Widrigkeiten, die uns seit Seinem Fortgehen begegneten, nur eines bewiesen: Nach Ihm waren wir nun der einzige lebende, greifbare Beweis, dass Er nicht umsonst gelehrt hatte. Und was die Küste anbetraf ... selbst wenn ihr Auftauchen Grund zur Hoffnung war, so hatten sich vor uns schon tausend andere Boote auch darüber gefreut. Es lag überhaupt kein Wunder darin, sondern es war einfach nur eine Erleichterung.

Ganz allmählich zeichnete die Küste sich immer deutlicher vor unseren Augen ab. Es schien kleine, ausgedörrte

Gebirge zu geben. Joseph befahl, sie anzusteuern. Er beabsichtigte, eine kleine Bucht oder vielleicht einen bescheidenen Fischerhafen zu finden. Trotz allem konnten wir uns einfach nicht vorstellen, dass uns dort Römer erwarten würden! Ich erinnere mich, dass abgesehen von der Besatzung, die kurze Befehle austauschte, niemand mehr ein Wort sprach.

Dann endlich zeigte sich uns die Küste in all ihrer Schönheit mit kleinen Stränden, die sich davon abhoben. Hier und da waren ein paar Häuser aus Erde und Steinen zwischen wenigen Bäumen mit zartem Laub zu sehen, die auf den ersten Blick aussahen wie die bei uns. Nachdem wir einen Felsvorsprung umrundet hatten, konnten wir einen oder zwei Masten ausmachen, dann Ruderboote und sogar einen Steg. Es war ein winziger Fischerhafen!

Wir legten dort an, da wir uns mit Wasser und Nahrung bevorraten mussten, um unsere nicht enden wollende Überfahrt fortzusetzen. Wir blieben zwei Nächte ... Ich liebte es, durch die Gassen des kleinen Örtchens zu schlendern und die Atmosphäre des bescheidenen Hafens mit seinem geschäftigen Treiben und seinen Gerüchen nach Gewürzen und Fisch zu genießen.

Es tat meinem Körper so gut, wieder festen Boden unter den Füßen zu haben! Die Übelkeit verging, und zwei Tage lang vergaß ich einen guten Teil des Gewichts, das auf mir lastete. Diese Zwischenlandung gab mir ein wenig von meinen Wurzeln zurück, auch wenn ich mich damit abzufinden versuchte, dass ich von nun an überall, wohin ich auch ging, eine Fremde sein würde, eine Frau, der nichts mehr von ihrer Heimat geblieben war. Alle meine Bindungen hatte ich hinter mir gelassen, auch wenn sie in meinem Herzen weiterlebten.

Aber zum Glück waren da immer noch meine liebe Jakobea und Miriam, die stolz mit ihrer wilden Mähne daherschritt. Obwohl ihr Kleid genauso dreckig war wie unsere, hatte sie sich ihre ganze Anmut und Größe bewahrt. Sie so sicheren Schrittes vor mir zu sehen, half mir, wieder meine Mitte zu finden, und ich rief mir in Erinnerung, dass ich akzeptiert hatte, ins Unbekannte zu ziehen, was auch immer aus uns werden würde ... immer weiter in Richtung Nordwesten.

Die Leute in "unserem" kleinen Hafen auf der Insel Krete waren freundlich und schienen es gewohnt zu sein, dass bei ihnen Boote anlegten, die sich neu bevorrateten und dann sofort wieder in See stachen. Daher mussten wir keine Fragen nach unserer Herkunft beantworten, und vor allem begegneten wir keinem einzigen Römer. Das war eine große Erleichterung für uns alle! So viele Jahre waren wir schon auf der Flucht vor ihnen ...

Mit den Einwohnern des Ortes konnten wir uns nicht verständigen, abgesehen von Joseph, der etwas Griechisch sprach, und Simon, der in jungen Jahren einige Wörter im Karmel gelernt hatte.

Joseph war erstaunlich geschäftig, kaufte allgegenwärtig hier und da Waren ein und befahl seinen Seeleuten, sie an

Bord unserer Boote zu laden. Er strahlte so viel Energie aus! Von irgendetwas wurde er getragen ... Trotz seines fortgeschrittenen Alters verströmte er eine ungewöhnliche Kraft. Simon an seiner Seite, mit dunklen Locken und üppigem Bart, unterstütze ihn mit tatkräftigen Händen.

Seine Ehefrau hörte zu, ohne zu verstehen, was die Männer sagten, aber ich fühlte, dass auch sie glücklich war, den Fuß auf dieses große, unbekannte Land zu setzen, und sei es auch nur für kurze Zeit. Unsere Blicke kreuzten sich viele Male, und sie lächelte mir zu, während sie sich eine ihrer langen braunen Strähnen von der Stirn strich, als würde sie mich denken hören. Sie war eine sanfte, kleine Frau und sehr in Simon verliebt. Man konnte es in ihren Augen sehen.

Während ich all das in dem kleinen Hafen beobachtete, auf dieser Insel, zu der wir niemals zurückkehren würden, musste ich daran zurückdenken, wie ich am Ufer meines geliebten großen Sees in Bethsaida erstmals "Simon dem Gesandten" begegnet war. Ich fühlte, wie die Erinnerung ein Lächeln auf meine Lippen zauberte. Damals hatte alles begonnen, was den Lauf meines Lebens verändert hatte. Am Ufer mitten im Schilf hatte ich mich Jeshua angeschlossen, um mich zuerst von mir selbst zu heilen und dann allmählich zu lernen zu lieben und andere zu heilen. Tränen begannen mir die Wangen hinabzurinnen ... Wo war Er jetzt, dieser Meister, der in Weiß gekleidete große Rabbi, den ich so sehr liebte?

So wie ich es verstanden hatte, war Er weit weg gereist, und seine Mutter hatte sich aufgemacht, Ihn mit Thomas zu treffen. Wohin genau, wussten wir nicht, und wir durften keinesfalls darüber sprechen. Doch genau das hatten wir hinter vorgehaltener Hand flüsternd auf der langen Reise nach Akkon getan und hatten alle Momente genutzt, in denen Miriam aus Magdala uns nicht hören konnte ...

Hinter ihrer scheinbaren Distanz hatten wir deutlich ihren immensen Schmerz darüber gespürt, dass sie ihr Land und Den, der ihr Ehemann gewesen war, hatte verlassen müssen. Man konnte ihr Leid in ihren Augen sehen ...

Aber warum war sie hier bei uns statt an Seiner Seite? Wir alle konnten das einfach nicht verstehen. Es musste einen Grund geben, der bedeutender war als das, was wir uns vorstellen konnten. Sicherlich kannte Joseph ihn, und er war besonders behutsam zu ihr, mehr, als er es sonst je gewesen war. Auch er spürte ihr extremes Leid. Was für eine Herausforderung sie meistern musste! Es war nicht auszudenken ... Wie stark sie war, meine Schwester Miriam, und wie sehr ich sie liebte!

Und dann, nachdem wir wieder einige Zeit auf See gewesen waren, packte Jakobea mich eines Tages plötzlich am Ärmel meines Kleides. Sie bestand darauf, dass wir beide Miriam dazu befragten. Sie wollte es unbedingt verstehen.

"Warum ich nicht bei Ihm bin? Ja, warum ... Warum? Ängstigt euch nicht vor den Worten, die ich auf euren Lippen lese. Ihr wollt mich fragen: 'Warum hat er dich verlassen?', nicht wahr? Ich danke euch dafür, denn wisst ihr, bis jetzt hat sich noch niemand getraut, mir diese Frage zu stellen. Ich vermute, aus Angst, mich zu verletzen, mir weh-zutun. Ja, und ich muss auch zugeben, dass schon der Ge-danke daran schwierig für mich ist – aber ihr müsst verstehen, dass der Meister mich tatsächlich niemals verlassen hat ...

Ach, Shlomit! Ich lese es in deinen Augen. Du glaubst, dass ich mit Worten und Ideen spiele, um stark zu erscheinen oder Seine Entscheidung zu rechtfertigen, aber weder das eine noch das andere ist wahr. Ich fühle mich nicht wirklich stark, sondern im Gegenteil voller Liebe. Und Jeshuas Ent-scheidung rechtfertigen zu wollen, wäre einfach lächerlich.

Ein Wesen wie Er hat keinen Vorwand nötig. Er weiß, wohin er geht und wohin Er die senden muss, die losgehen müssen und in der Liebe sind. Als ich an seiner Seite lebte, erkannte ich, dass Er immer gewusst hat, was in unsere Seelen eingeschrieben stand, bevor wir auf die Welt kamen, und er hat es niemals versäumt, uns daran zu erinnern.

Nein, ich sage euch, Er hat mich nicht verlassen und noch viel weniger zurückgelassen. Er hat mich nur daran er-innert, dass ich mir schon sehr lange gewünscht hatte, Seine Botschafterin zu sein in einer Welt, die ..."

Plötzlich hielt Miriam inne. Ich glaubte, sie würde nach Worten suchen, aber das war es nicht.

"Nein", fuhr sie fort, "es ist zu früh für mich, darüber zu sprechen. Unsere Liebe war so ... besonders ... Es gibt so viele Arten zu lieben!"

Und an dieser Stelle war unser Gespräch zu Ende. Miriam war anzusehen, dass sie aufgewühlt war und nichts weiter darüber sagen wollte oder konnte.

Unsere Gedanken stockten wie die Stimmung auf dem Deck, der Wind flaute ab, und das Meer wurde glatt wie Öl. Nur die Delfine, die neben uns fröhlich aus dem Wasser sprangen, brachten noch etwas Leben hinein.

Zum Glück kam mitten in der schlaflosen Nacht eine leichte Brise auf, die uns bis zum frühen Morgen sanft an die Küste Griechenlands trug. Wieder waren wir entzückt und fühlten uns noch ein Stück freier. Konnte es sein, dass der Einfluss Roms und des Sanhedrin einfach erdrückend gewesen war?

Simon beantwortete diese Frage für uns, als er spontan über sein eigenes Freiheitsgefühl sprach.

"Erinnert ihr euch, was uns der Meister einmal gelehrt hat? *'Manchmal muss eine Blume in eine größere Schale oder einen Garten umgepflanzt werden, wo die Erde anders ist als die bisherige. Das ist notwendig, damit sie sich weiter entfalten kann. Ja, so geschieht es manchmal, aber es ist an dem, der sie anpflanzt, das zu verstehen und es verständlich zu machen, denn für die Pflanze und ihre Blüte bedeutet es, aus ihrer Heimaterde gerissen zu werden.'*"

Damit hatte Simon alles gesagt. Hatte er unser gestriges Gespräch mit angehört? Wahrscheinlich war es so.

Mit dem Sonnenaufgang hatte die Küste die Farbe von Mandelbäumen angenommen, und ich betrachtete sie versonnen. Uns war angekündigt worden, dass wir je nach

Wind und Strömung mindestens einen Tag daran entlangsegeln würden. Anzulegen kam natürlich nicht infrage.

Joseph zufolge mussten wir die Küste im Südwesten Griechenlands[8] entlang und dann dem Sonnenuntergang entgegensegeln, um zu einer Stadt namens Syrakus zu gelangen. Von dort aus würden wir nach Norden navigieren, bis wir uns Rom nähern und daran vorbeisegeln würden. Mir schien das verrückt. Den Namen Syrakus hatte ich noch nie gehört, aber in meinen Ohren klang er gut.

"Ja, Syrakus[9] ... Früher waren es die Griechen, jetzt herrschen die Römer darüber. Aber das ändert nichts, denn ich glaube, es hat dort schon immer mehr oder weniger Krieg gegeben."

Mit Josephs Bemerkung war der ganze Zauber dahin.

"Schon wieder Römer?", rief Markus erschrocken. "Die sind ja wirklich überall! Aber warum lässt der Ewige sie bloß gewähren?"

"Wenn der Meister hier wäre, würde er zu dir sagen: 'Lass den Ewigen doch einmal ein wenig in Frieden! Hör auf, Ihn in die kleinen Geschichten der Menschen zu verwickeln. Die Menschen müssen ihre Freiheit bis zum bitteren Ende ausnutzen, bis sie verrückt werden, wenn es sein muss, und den Sinn erkennen.' Erinnerst du dich nicht mehr?"

---

[8] Westen des Peloponnes

[9] Syrakus war lange Zeit unter den Griechen umkämpft, bevor es unter die römische Herrschaft fiel.

"Er hat so viel gesagt ..."

"Also, Markus ..."

"Was ist?"

"Ein wenig Respekt, mein Sohn[10] ..."

"Ich respektiere den Meister, das weißt du, aber es ist doch so, dass Er viel gesagt hat ..."

Nun mischte sich Miriam ein. Sie runzelte die Stirn.

"Viel, ja, aber nicht zu viel ... es sei denn, dass du seine Worte mit dem Kopf gehört hast. Der Kopf leert sich schnell, Markus. Er behält nicht immer, was wichtig ist!"

"Ich bin kein Kind mehr, Mutter, und außerdem, warum hast du mir eigentlich einen römischen Namen gegeben?"

"Dein Vater hat ihn ausgesucht ..."

"Ich weiß nicht, wer mein Vater ist. Die Männer, die es vielleicht waren, sind ja beide fortgegangen."

Im Laufe seiner Erwiderung, die ziemlich ironisch geklungen hatte, war Markus immer lauter geworden, hatte ein bisschen Unfug dahergeredet und dann an die Reling gelehnt zu weinen begonnen. Er war völlig erschöpft ...

Nun wollte jeder seine Meinung kundtun, und auf unserem Boot redeten plötzlich alle durcheinander. Nur Joseph schaffte es mit seiner lauten Stimme, die Gemüter zu beruhigen.

"Nun also, immer redet ihr von den Römern, aber man braucht gar keiner zu sein, um die Saat des Krieges zu säen! Seht euch doch einmal selbst an und hört euch zu!"

---

[10] Damals war es üblich, dass Großeltern ihre Enkel als ihre eigenen Kinder betrachteten.

Wie recht Joseph hatte! Alle verstummten, und ich musste Tränen unterdrücken. Es war bei Weitem nicht das erste Mal, dass kleinere Streitereien bei uns aufflammten. Schon in der Zeit mit Jeshua war es dazu gekommen, aber seit unserem Aufbruch aus Galiläa noch nie, und es war umso schmerzhafter, weil wir eigentlich mehr als sonst zusammenhalten mussten.

In diesem Moment fragte ich mich, ob unsere Sorgen und vielleicht auch unsere Furcht vor dem Unbekannten größer waren als unser Atem.

Jakobea saß in tiefes Schweigen gehüllt in einer Ecke, und bis zum Ende des Tages sprach niemand mehr. Die Sonne lachte vom Himmel, unser Segel knatterte im Wind, aber unsere Herzen waren schwer. Ich glaube, wir alle schämten uns.

Ganz allmählich entspannte sich die Stimmung dann wieder, und jemand kam auf die gute Idee, bei Einbruch der Nacht gemeinsam etwas Wein zu trinken. Dann beteten wir ...

Am übernächsten Tag zeichneten sich neue Küsten am westlichen Horizont ab. Joseph und zwei Männer aus der Besatzung beratschlagten. Syrakus würden wir wohl sicher nicht zu Gesicht bekommen, da die Strömung uns etwas mehr nach Norden geführt hatte. Doch das war nicht so wichtig, weil wir ohnehin in diese Richtung segeln mussten, bis wir an einem Felshang über dem Meer die Stadt Tauromenium[11] erblicken würden.

---

[11] Das heutige Taormina im Nordosten Siziliens

"Falls wir frische Nahrungsmittel brauchen, machten wir dort halt", verkündete Joseph. "Danach werden wir so weit wie möglich segeln, ohne anzulegen. Das wird wesentlich sicherer sein."

Mit seiner üppigen Vegetation und seinen schroffen Felsen war der Ort von berührender Schönheit, aber obwohl Simon, Jakobea, Martha und einige andere mich drängten, wollte ich nicht von Bord gehen. Ich hatte Kopfschmerzen und suchte in mir neuen Raum zum Loszulassen.

Es kam mir vor, als würde ich keine lange Reise über das Meer machen, sondern alle meine inneren Meere durchqueren, das Meer meiner Gefühle, Ängste und manchmal widersprüchlichen Wünsche. Also wartete ich auf Deck und versuchte, einen gerissenen Schleier von Miriam zu nähen. So konnte ich vermeiden, zu viel darüber nachzudenken, woraus unser Leben eigentlich bestand, über diesen Atem, der in unserer Obhut war und den ich, davon war ich überzeugt, viel zu ungeschickt weitertrug.

Deshalb bekam ich keines der Wunder zu Gesicht, die Tauromenium zweifellos zu bieten hatte, seine Gassen, sein Theater. Ich hatte noch nie ein Theater gesehen, aber es war mir nicht besonders wichtig.

Am Tag darauf stachen wir wieder in See, wobei wir durch eine Meerenge zwischen zwei Ländern hindurch mussten[12].

---

[12] Die Straße von Messina zwischen dem Norden Siziliens und dem Süden Italiens. Durch diese Meerenge verlässt man das Ionische Meer und gelangt ins Tyrrhenische Meer.

Von da an segelten wir ohne Pause in gehörigem Abstand an der Küste entlang, die sich im Osten erstreckte und uns bis auf die Höhe Roms führen würde.

Joseph versicherte uns, dass wir bei günstigem Wind etwa vier ganze Tage segeln würden. Wir brauchten fünf, denn der Anblick dreier römischer Galeeren bereitete uns einige Sorgen.

Glücklicherweise waren auch viele Fischerboote auf See, die unseren recht ähnlich sahen, und man gab sich freundschaftliche Zeichen. Was ist über unsere restliche Reise zu sagen? Mehr als eine Woche lang mussten wir noch segeln, mit einem kurzen Zwischenstopp im Hafen einer kleinen Felseninsel[13], bevor wir in Sichtweite des Landes Kal gelangten.

Es war eine mitunter gefährliche Fahrt, die dadurch verlangsamt wurde, dass wir den sandigen, unebenen Meeresboden mit einem Bleiinstrument untersuchen mussten. Ich weiß noch, dass unser Schiffsrumpf knarrte, als wäre er genauso müde wie wir.

Das also war das Land Kal – eine herrliche Küste mit rötlichen Felsen und einer Bergkette darüber. War dies der Ort, wo wir leben würden?

---

[13] Korsika. Der Hafen unter römischer Herrschaft war wahrscheinlich der Hafen von Alalia, heute Aléria.

"Nein, nicht dort ...", sagte Joseph und fuhr sich mit der Hand durch das spärliche Haar. "Noch etwas weiter westlich ... Hier sind noch zu viele Römer. Verzeih mir, Markus ...

Wir müssen noch vielleicht zwei Tage an der Küste entlangsegeln, an einem großen, sehr alten Hafen namens Massilia vorbei, bis wir in ein sehr sumpfiges Gebiet kommen. Dort wird es sein.

Nach allem, was mir gesagt wurde, sind die dortigen Einwohner freundlich, und es gibt weniger bewaffnete Kohorten. Es gibt dort einfach zu viel Wasser mit zu viel Sand ... Und noch dazu viel zu viele fliegende Insekten ..."

Miriam, Jakobea, Martha und ich blickten uns gleichzeitig an. Wir warfen uns ein halb verdrossenes, halb amüsiertes Lächeln zu, das zu sagen schien: "Nun gut, dann wird es eben dort sein!"

Simon begann zu lachen, als hätten die schlechten Lebensbedingungen, die man uns versprach, etwas Lustiges an sich. Fast hätte ich es ihm übel genommen ...

4. Kapitel

Erste Schritte im Land Kal

Zwei Tage später, die wir an einer flachen, sandigen Küste entlanggekreuzt waren, kamen wir in Sichtweite von etwas, das aussah wie eine Landzunge im Wasser oder vielleicht eine Insel. Was wir davon erkennen konnten, war so morastig, dass es unmöglich war, Genaueres zu sagen. In der Ferne, neben spärlichem, zartgrünem Gehölz, waren sehr dürftige Behausungen zu sehen. Es waren gräuliche Hütten, die offenbar auf Holzpfählen standen. Niemand von uns hatte so etwas je gesehen, außer Joseph, der nicht lange an sich hielt:

"Da ist es, ich bin mir sicher ... Die Ähnlichkeit ist so groß!"

"Aber wer hat dir davon erzählt, Vater?", rief Martha. "Du wolltest es uns nie sagen!"

"Glaubst du? Aber es ist schon sehr lange her, und Er wollte immer, dass ich mich sehr bedeckt darüber halte, welche Ufer unsere Augen eines Tages sehen würden. Auch heute weiß ich nicht, ob Er damals wusste, wo genau diese Ufer liegen, die Er gesehen hatte. Aber er beschrieb sie mir so genau, dass ich keinen Zweifel habe, dass wir jetzt endlich da angekommen sind, wo Er es sich für uns wünschte."

Vorsichtig näherten wir uns dem Ufer, wobei wir immer das Suchinstrument einsetzten. Alles war so blau ... Es war ein anderes Blau als das, was wir kannten, vielleicht irgendwie nebliger.

Kurz darauf bemerkten wir an der Spitze des langen Land- oder Sandstreifens ein äußerst zerbrechliches Boot mit einem dürftigen, braunen Segel. Gewiss gehörte es einem Fischer. Es waren zwei Männer an Bord, die uns schon entdeckt hatten, nach den Handzeichen zu urteilen, die einer in unsere Richtung machte. Das war ein gutes Zeichen. Kurz darauf waren wir in Rufweite.

Natürlich war es schwierig, nur mit Gesten zu kommunizieren. Jeder weiß, wie es mit Gesten, Blicken oder Lächeln ist, denn oft sagen sie weniger als Worte.

Die mit einfachen Lendenschurzen bekleideten Fischer begriffen rasch, dass wir anlegen wollten und nur ihr Boot uns dabei helfen konnte, wenn wir nicht auf den Sandbänken auflaufen wollten.

Ihre geduldige Hilfe kam wie gerufen. Nach einigem Hin und Her zwischen unseren beiden Booten und dem Ufer waren wir schließlich alle mit bis zur Taille durchnässten Kleidern an Land und begriffen noch gar nicht wirklich, dass wir nun endlich den Fuß auf das Land Kal gesetzt hatten. Mir war kalt, Jakobea ebenfalls, und es lässt sich nicht leugnen, dass unsere Gedanken nicht viel weiter als bis zu dieser Feststellung reichten.

Ich weiß nicht wirklich viel über die Stunden zu erzählen, die auf unsere Ankunft folgten. In meinem Kopf war alles genauso sumpfig wie in dieser wundersamen Gegend, in der wir so freundlich begrüßt wurden. Ich könnte sagen, dass ich glücklich und erleichtert war, aber so war es nicht ...

Auch wenn ich auf der Reise immer wieder losgelassen hatte, war ich innerlich so angespannt, dass es mir plötzlich vorkam, als läge nun nichts mehr vor mir, vor uns. Wenn man lange gegen den Wind und die Angst gekämpft hat, kann man manchmal in Langeweile verfallen, wenn sie aufhören. Es war seltsam ... Es war nicht die vom Meister geliebte Leere, sondern ein befremdliches Nichts.

Das Erste, woran ich mich wirklich erinnere, ist, wie überrascht wir alle über unsere Begrüßung waren. Man hätte meinen können, dass man uns erwartet hatte, und falls nicht, dann stand die Gastfreundlichkeit der Einwohner der dem Volk von Essania in nichts nach. Nur einige wenige von ihnen legten eine gewisse Zurückhaltung an den Tag. Ich konnte sie verstehen.

Nachdem wir über den Sand marschiert und unbeholfen durch den Sumpf, ein Dickicht aus Schilf und fantastischen Pflanzen und ein Wirrwarr kleiner Bäume gewatet und auf

Holzstegen balanciert waren, erreichten wir schließlich ein Küstendorf oder besser gesagt ein Durcheinander aus armseligen Hütten, die auf Pfählen errichtet waren. Wie um unsere Überraschung noch größer zu machen, gab es eine recht große Hütte, die uns alle beherbergen sollte. Mehr konnten wir nicht verlangen. Natürlich mussten erst noch die zahlreichen Fischernetze, Krüge und Getreidesäcke herausgeschafft werden.

Die Luft war feucht, und wir hatten das Gefühl, Salz einzuatmen. Ich war viel zu müde, um gerne mit unserer ganzen Gruppe in dieser Hütte zu sein, aber da man sie uns zur Verfügung gestellt und uns damit die Hand gereicht hatte, musste ich mich damit abfinden. Es war keine Undankbarkeit, sondern in meiner Seele wohnte noch immer dieses beständige Bedürfnis, mich wie ein scheues, kleines Tier von Worten und Geräuschen abzusondern. Mich verlangte nach Stille, sie war lebenswichtig für mich ...

In unserer großen Hütte angekommen, legten wir erst einmal unsere alten Taschen ab und entleerten sie so gut wir konnten auf Betten, die aus Schnüren geflochten und mit getrockneten Zweigen und Tierhäuten bedeckt waren. Wir Frauen bildeten spontan eine Gruppe, um ein bisschen Vertrautheit zu schaffen.

Heute scheint es mir, als wären unsere ersten Tage vergangen, ohne dass wir es wirklich bemerkten und ermessen konnten, was in unserem Leben geschehen war. Es war ein großer Umbruch, von dem es kein Zurück mehr gab.

Mehrere Monde vergingen wohl auf diese Weise unter den freundlichen, neugierigen Blicken der Einheimischen, die uns bei sich aufnahmen, als wären wir Schiffbrüchige ... was gar nicht einmal so falsch war.

Ich habe keine besonderen Erinnerungen daran. Es war eine Zeit der Eingewöhnung, und wir sagten uns oft, wie seltsam es war, dass diese Männer und Frauen, über die wir nichts wussten und die nichts von uns wussten, uns einfach so akzeptierten.

Wir nutzten die Gelegenheit und begannen, ihre Sprache zu lernen. Kleine, einfache Alltagswörter, Floskeln, die wir zum Besten gaben und mit denen wir bisweilen für viele Lacher sorgten. Es war schwierig und noch schwieriger zu glauben, dass wir hier irgendeiner Sache dienen könnten. Von Jeshua zu sprechen, ohne sich aufzudrängen, ohne "unsere Wahrheit" einem Volk zu bringen, das seine eigene hatte und nichts anderes wollte als sein Leben weiterzuleben ... Würden wir das jemals tun können?

Jakobea, ich und ein paar andere trafen uns öfters am Meer, einfach nur, um uns zu sagen, dass es verrückt war und wir letztendlich einfach nur geflohen waren, auch wenn Joseph weiter das Gegenteil behauptete.

Würden wir das Siegel Jeshuas in unseren Herzen nicht ganz allmählich vergessen, wenn wir uns unter unsere Gastgeber mischten? Was abgesehen von Ungemach hatten wir überhaupt zu überbringen, das sie wirklich berühren konnte? Sollten wir ihnen von einem Meister erzählen, den sie niemals sehen würden? Ich zweifelte ... Wir zweifelten.

Natürlich waren auch die Römer da, irgendwo, schienen aber niemanden zu unterdrücken. Die Fischer und ihre Familien konnten ihre Kulte ausüben, wie sie es wollten. Wir hätten aber gar nicht sagen können, woran und an wen sie glaubten, außer dass sie sich viel der Natur zuwandten. Sie fertigten kleine Statuetten aus Holz oder Ton mit Köpfen von Tieren, vor allem Hirschen, an und boten ihnen Blumen und duftende Pflanzen dar, und das machte sie glücklich. Nikodemus hatte mir einmal etwas Ähnliches über Bewohner des Landes der Roten Erde erzählt.

Unsere Gastgeber machten auch Feuer und tanzten darum. Was war daran Schlechtes? Außerdem ließen sie uns beten, wie wir wollten, ohne irgendwelche Zeichen oder Gegenstände, ohne alles ... Ich sah genau, dass sie sich darüber wunderten.

In Gesprächen mit Joseph erfuhren wir, dass er sie durch diese Verwunderung oder dieses Mysterium faszinieren wollte, um dann zu ihnen über den Meister zu sprechen.

Und so ließen wir die Zeit vergehen und lernten, uns anders zu kleiden, manchmal sogar mit Tierhäuten. Es war schwierig ... Wegen ihrer Großzügigkeit wollten wir ihnen keinesfalls irgendetwas aufdrängen und "ihre Seelen überfallen", wie Simon es einmal ausdrückte.

Und dann tauchten eines Tages zwei Boote auf, die unseren ziemlich ähnlich sahen und an der Küste entlangsegelten. Ich war unter denen, die an den Strand eilten ... Die

Männer und Frauen an Bord hatten wie wir damals angelegt und sahen orientierungslos und erschöpft aus. Wie auch wir kamen sie aus Judäa oder Galiläa. Es war unglaublich.

Einige weinten ... Ich suchte ihre Blicke, für den Fall, dass vielleicht Zebedäus ... Da blickte ich plötzlich Zachäus in die Augen, diesem reichen, alten Ehemann[14] aus Jericho, den ich in meiner Jugend nicht gewollt und immer gemieden hatte. Es war erstaunlich ... Auch er hatte also Judäa verlassen?

Als er mich erblickte, spürte er sofort mein Unbehagen oder meine Gedanken, denn vielleicht um mich zu beruhigen, gab er mir ein kleines Handzeichen und ließ ein zögerliches Lächeln unter seinem üppigen, grauen Bart erkennen, der seine Lippen verbarg. Zachäus ... er war es also tatsächlich mit seinen kleinen, lebhaften Augen, die mich fragend musterten.

Ich antwortete ihm rasch und senkte den Kopf, da ich nicht wollte, dass er noch mehr in mir las. Ich kann nicht sagen, dass seine Anwesenheit mich freute. War ich dazu verdammt, in seiner Nähe zu leben? Mit Jeshuas Hilfe hatte ich ihm schon vor langer Zeit vergeben, aber es schmerzte mich in der Brust, dass nicht Zebedäus an seiner Stelle hier war.

Es war einfach ungerecht! Ich sagte kein Wort zu Zachäus und ließ ihn auf dem Weg ins Dorf an mir vorbeigehen. Es war zu früh. Vor unserer Abreise hatte ich gehört, dass er

---

[14] Zachäus aus Jericho (s. Daniel Meurois: "Jesus' Jüngerinnen – Das geistige Erbe der drei Marien"); Silberschnur Verlag.

vieles gelernt und einen gewissen "Weg" zurückgelegt hatte. Das mochte stimmen, aber was noch von meinem früheren Starrsinn übrig war, brach sich plötzlich wieder Bahn.

"Alles in allem", sagte ich mir, "muss ich mir ihm gegenüber überhaupt keine Mühe geben! Wahrscheinlich hat er sich mit den anderen hierher gerettet. Der Meister hat ihn bestimmt nicht hierhergeschickt, das kann ich einfach nicht glauben …"

Mit diesem nicht ganz unerheblichen Ereignis merkte ich, dass ich wohl mein Gewissen prüfen musste. Wäre es mir lieber gewesen, wir wären nur zweiundzwanzig geblieben, eine Art Elite, die von dem Atem sprach, den wir empfangen hatten? Eigentlich hätte ich mich über die Neuankömmlinge doch freuen müssen. Schließlich war das Wort des Meisters nicht unser Eigentum!

Während ich so nachsann, begann ich zu verstehen und mir vorzustellen, was mit diesem Wort ganz leicht geschehen konnte, wenn man nicht darauf achtgab.

Weitere Wochen vergingen … Da sich unsere Zahl plötzlich fast verdoppelt hatte, mussten wir ein neues Gleichgewicht finden, Rollen und Aufgaben verteilen, eigene Hütten bauen, um nicht weiter von jenen abzuhängen, die uns in ihren Reihen akzeptierten. Wie hätten wir wohl an ihrer Stelle reagiert?

Mehr schlecht als recht versuchten wir, uns an das feuchte Klima und die Mücken zu gewöhnen und weiter die Grundkenntnisse der Sprache zu vertiefen, die im Gebiet der Sümpfe gesprochen wurde, wo das sehr präsente, nahe Meer immer wieder unsere Erinnerungen aufleben ließ. Das Geräusch der blauen Wellen und der Salzgeruch taten ihr Übriges.

Das Volk des Landes Kal faszinierte uns mit seiner unbekümmerten Fröhlichkeit, und ich weiß noch, dass einige von uns ein bisschen Angst davor hatten. Vor unserer Abreise hatten sich so viele Türen vor uns verschlossen! Wir mussten erst wieder lernen, uns zu entspannen und zu vertrauen.

Gedankenverloren erinnerte ich mich an einige Worte des Meisters ...

"Wenn ihr vom Gedenken an Mich sprecht, errichtet nicht die Fundamente einer zukünftigen Religion. Lebt und lasst leben! Fühlt und lasst fühlen. Erlegt anderen nicht auf, was ihr wisst, sondern erweckt Liebe zur Wahrheitssuche.

Geht zu den Menschen, aber sprecht zu ihnen nicht über Mich ... sondern über mein Herz, das in ihnen schläft." [15]

Die Erinnerung an diese Worte war so machtvoll, dass ich Seinen Blick auf mir sah und ihn sanft zu mir sagen hörte:

"Auch du, Shlomit, hast etwas zu sagen, und hör auf, dich hinter Säulen zu verstecken und an Mauern entlangzuschleichen. Habe Vertrauen in dich. Ich habe dich unterrichtet, damit du weitergibst, was du gelernt hast, und wenn es durch deine Hände und dein Herz geschieht, dann wird dies bereits ein großer Schritt für deine Seele sein."

---

[15] S. Daniel Meurois, Anne Givaudan: "Essener Erinnerungen – Die spirituellen Lehren Jesu"; Silberschnur Verlag.

Jäh zuckte ich zusammen, als Joseph wie gewohnt Befehle erteilte, und seine laute Stimme holte mich aus meinem Schlupfwinkel. Aber sie klang wohlwollend. War ich eigentlich die Einzige, die so empfindsam war?

"Seid achtsam, meine Freunde, und versucht nicht, an Seiner Stelle zu lehren. Der Meister braucht keine Wiederholung seiner Worte. Was er braucht, ist, dass wir die Unsrigen durch unser Handeln finden, indem wir Seine Saat auf dieser neuen Erde aussäen. Und zu säen ist ein Werk der Demut, nicht des Hochmuts."

Josephs letztes Wort ließ mich innerlich lächeln oder eher eine Grimasse schneiden ... Ich weiß es nicht mehr, denn für mich war Joseph in diesem Moment weit davon entfernt, die Demut zum Ausdruck zu bringen, die er von uns einforderte.

Natürlich hatte er viel für uns getan und war zu Recht zufrieden, und sei es nur mit dieser Überfahrt, aber wie er es liebte, wenn man ihm zuhörte! Ich hatte immer den Eindruck, dass er nicht alles mit uns teilte, was er teilen musste, dass es ihm regelmäßig an Transparenz mangelte und dass er es liebte, seine kleinen Geheimnisse zu haben ...

Manchmal führte ich mir wieder den Moment auf unserem Boot vor Augen, als er den Kelch hervorgeholt hatte, in dem etwas von dem Blut des Meisters bei Seiner Kreuzigung aufgefangen worden war und den er, wie er sagte, an einen bestimmten Ort bringen musste. Dann erinnerte ich mich wieder an seine Tochter Miriam, unsere Schwester, die sich gewünscht oder eher gehofft hatte, den Kelch ihres

Ehemanns kurz in den Händen halten zu können, was er ihr verweigerte ... Lieber hatte er ihn wieder in seinem großen Leinensack verstaut, mit einem Blick auf "seinen" Schatz, der einfach zu stolz und hochmütig war.

Joseph liebte das Geheimnisvolle ... Nein, das leicht Theatralische! War ich zu streng mit ihm? Ich hatte Miriams Schmerz und ihr kurzes Zusammenzucken genau gesehen. Sie, Jeshuas Ehefrau! Warum hatte er ihr ihren Wunsch verwehrt? Ich fand keine Antwort darauf ...

Und das würde ich bestimmt auch niemals, genauso wenig wie Miriam, dachte ich und legte meine Hand auf das alte, vergilbte Tuch, das in meinem Beutel verstaut war ... und das ganz zart das Gesicht des Meisters bedeckt hatte, als er unter seinem hölzernen Kreuz Qualen litt ... Auch ich hatte meine Geheimnisse, aber ich provozierte nichts und niemanden damit. Und ich war mir sicher, dass auch Jakobea ihren kleinen privaten Garten hatte ... genauso wie Miriam aus Migdel.

Nein, Joseph brauchte sich gewiss keine Sorgen zu machen. Ich war überhaupt nicht erpicht darauf, mich vorzudrängeln, um über den Meister zu sprechen. Mein einziger Weg, von Seinem Atem zu sprechen, war es zu versuchen, meine Hände handeln zu lassen, indem ich heilte, wie Er es mich gelehrt hatte. Und geheilt hatte ich immer still und unaufdringlich. Worte überließ ich gerne meiner Seelenschwester Jakobea. Sie liebte es zu erzählen und war unendlich besser darin als ich.

Ich war tieftraurig. Ich wollte nicht, dass die Traurigkeit sich in mir festsetzte, bekam aber oft zu hören, ich hätte einen leeren Blick. In Wirklichkeit beobachtete ich oft die Männer und Frauen dieses Volkes, das uns ohne zu urteilen oder zu viele Fragen zu stellen bei sich willkommen geheißen hatte. Vor allem ihre Kleidung sah ich mir an ... die Frauen mit ihren dunklen Kleidern, die mit einem breiten Stoffband um die Taille geschnürt wurden, und die Männer mit ihren zotteligen Haaren und kurzen, oft sehr dreckigen Tuniken, bis zu den Knien gebundenen Ledersandalen und großen Messern am Gürtel.

Und dann liebte ich den Rauch, der überall vom Dorf in den blauen Himmel aufstieg ... Er kam von den vielen Feuern, an denen Fisch gegart wurde, fast die ganze Zeit über, als müsste man immer etwas zu essen haben. Ich liebte auch die Frauenstimmen, die sich mit den Stimmen der Männer und Kinder mischten, begleitet vom Plätschern der Wellen, die leicht gegen die Pfähle der Behausungen schlugen. Ich liebte sogar das Gebell der Hunde und den Geruch des Sumpfes und der hohen Gräser, die mich so sehr an mein über alles geliebtes Dorf Bethsaida erinnerten. War dies hier wirklich mein neues Land und dieses Dorf mein Heimathafen? Trotz allem fiel es mir schwer, mich selbst davon zu überzeugen.

Eines Tages blickte ich mich einmal besorgt um, um mich zu vergewissern, dass die Hütte, die man uns geliehen hatte, wirklich noch da war. Ich fühlte mich verletzlich und brauchte Orientierung. Wieder war da die ewige Frage: Warum war ich *wirklich* fortgegangen?

Kein Traum hatte es mir je gesagt! Da waren Gefühle, Eindrücke, ja ... aber ich hätte auch weiter bei Zebedäus leben und ohne viel Aufsehens weiter heilen können. Ich wäre wieder zu einer einfachen Fischersfrau geworden, die Seine Art zu heilen, zu lieben und zu dienen empfangen hatte, ohne jemals darüber reden zu müssen. Gewiss, die Römer ... aber hier waren sie ja auch. In Bethsaida zu sterben, wäre wahrscheinlich besser gewesen als in diesen Sümpfen!

Dann kam der Tag, an dem unsere vereinte, aber gleichzeitig auch zusammengewürfelte Gemeinschaft beschloss, sich aufzulösen. Wir mussten uns einfach dazu durchringen, wenn wir "etwas dienen" wollten. Es war ein Moment, den wir schon lange gefürchtet hatten. Joseph hatte es beschlossen, ohne uns zu sagen, ob er ein Zeichen am Himmel gesehen hatte. Es war eben so, und wir mussten einfach davon ausgehen, dass er weit blicken konnte oder es besser wusste als wir.

Ohne sich großartig zu erklären, entschieden Martha und Miriam aus Migdel, gemeinsam loszuziehen, nach Osten, wie sie sagten. Es war ein Bruch zwischen uns ... Auch Markus schloss sich ihrer kleinen Gruppe an.

Es war unmöglich zu sagen, wohin alle gehen würden, weil sie es selbst nicht wussten. Eher war es eine oftmals schmerzhafte Aufsplitterung in alle Himmelsrichtungen, da niemand von uns das Land kannte und wir nur ein paar Dorfnamen zur Orientierung hatten, die wir im Laufe der Jahreszeiten im Dorf aufgeschnappt hatten.

Unsere Familie löste sich auf, und wir mussten es würdevoll als Notwendigkeit akzeptieren. Ich weiß noch, dass ich das Gefühl hatte, dass unser Schicksal uns nicht mehr gehörte ...

Schließlich brach auch Zachäus mit ein paar anderen auf, ohne dass wir das Schweigen zwischen uns hatten brechen können. Kam es von mir oder von ihm? Warum war es so schwierig, den Frieden des Meisters wiederzuerlangen?

Jakobea und ich beschlossen zu bleiben, wo wir waren. Ich weiß nicht, ob Ängstlichkeit oder Furcht der Grund war oder weil wir uns einfach wohl an diesem Ort fühlten. Ohne es wirklich zu verstehen, hatten wir ihn liebgewonnen. Er ähnelte unserer Heimat, den Ufern des Sees von Tiberias. Joseph stellte sich nicht dagegen, als würde er es richtig finden.

Gab es hier schließlich nicht auch Männer und Frauen zu heilen? Und Ohren, um Worte zu hören, die am Ende vielleicht ganz von selbst kommen würden?

Seltsamerweise blieb auch Sarah ...

5. Kapitel

Die Gabe der Lebensessenz

Ich glaube mich zu erinnern, dass Jakobea und ich etwas sprachlos waren, als wir eines Abends allein um ein kleines Feuer aus Reisig vor unserer neuen Hütte saßen. Die Männer aus dem Dorf hatten sie nur für uns errichtet, denn ihre große Hütte hatten sie von uns zurückverlangen müssen, um darin wieder ihre Fischernetze, Getreidevorräte und Krüge zu lagern.

Die Frauen wiederum hatten all ihr Wissen beigesteuert, um unsere neue Hütte wohnlich zu gestalten, und Schilfkörbe zum Sammeln unserer Pflanzen geflochten. Außerdem hatten sie uns Decken für unsere aus Schnüren geflochtenen Betten gegeben sowie zwei große Stoffsäcke voller Vogeldaunen für unsere Köpfe, damit wir angenehm ruhen konnten.

In einem Winkel hatten sie ein paar Stoffe in der Farbe des Meeres und der Nacht abgelegt, damit wir uns mit Kordeln und geflochtenem Leder andere Kleider herstellen konnten, die besser für unser neues Leben geeignet waren.

Tatsächlich waren unsere Kleider inzwischen nur noch Lumpen. Nur unsere Wollmäntel hielten noch, obgleich sie überall geflickt und gestopft waren. Außerdem hatten die Frauen uns noch einige Häute für die kühlen Nächte gegeben, mit denen wir unsere abgenutzten Mäntel wärmer ausstaffieren konnten. Wir waren es nicht gewohnt, auf diese Weise mit Tieren in Berührung zu kommen, aber wir mussten uns an die Gegend anpassen. Schließlich wussten die Einheimischen genau, welche Erfordernisse das Leben an der Küste mit sich brachte, die sie schon immer bewohnten.

An eine Wand unserer Behausung hatte man zur praktischen Verwendung waagerechte dicke Holzplanken genagelt, und an der Decke hingen Heilpflanzen und verströmten einen angenehmen Duft. Tongefäße, die darauf warteten, von uns befüllt zu werden, vervollständigten unsere bescheidene Einrichtung. Auf einem niedrigen Tisch standen sogar zwei Öllampen, um in der Abenddämmerung mit ihren kleinen Flammen etwas Licht zu spenden.

Ich erinnere mich auch an ein winziges, mit einem beigefarbenen Stoff verkleidetes Fenster, das das Licht hindurch ließ, und an eine niedrige Tür, die auf eine Terrasse mündete, die wiederum Zugang zu anderen Stegen bot und uns so mit den anderen Behausungen verband.

Wir wohnten im Herzen des Dorfes inmitten des Gemeinschaftslebens. Die Männer hatten uns ein altes Ruderboot geschenkt, damit wir uns leichter am Ufer fortbewegen konnten. Jeder hatte uns auf seine Weise bei sich willkommen geheißen und es uns deutlich gezeigt. Wie freundlich diese Männer und Frauen waren!

Alle verstanden, dass wir einsam waren, vor allem nach der Abreise unserer Gruppe, die sie sich nicht erklären konnten und für die wir ihnen auch kaum einen Grund nennen konnten. Jakobea und ich hatten den Dorfbewohnern natürlich gedankt, so gut wie wir es mit unserem bescheidenen Wortschatz und unserem Lächeln konnten, aber vor uns lag nun alles oder nichts, und das war schwindelerregend.

Wir hatten geglaubt, auf die Trennung von den Unsrigen vorbereitet zu sein, aber nichts hätte wohl falscher sein können.

Einige Fischerfamilien aus dem Dorf luden uns zum gemeinsamen Essen ein, aber keine konnte uns wirklich aufheitern. Wieder trauerten wir, und ohne dass wir darüber gesprochen hatten, war uns instinktiv wichtig, es allein unter uns zu tun, um besser darüber hinwegzukommen. Ich glaube, dass alle das verstanden, und einige brachten uns von Zeit zu Zeit frischen Fisch, Brot, Wasser, frische Kräuter und Salz, damit wir uns vor Fragen und Blicken geschützt unser Essen selbst zubereiten konnten. Das ganze Dorf ließ uns Zeit zur Heilung. Wir fühlten uns verstanden und respektiert.

Zwischen Sarah und uns war die Kommunikation nicht immer einfach gewesen, und schon seit Monaten wohnte sie am anderen Ende des Dorfes, wie um zu sagen: *"Lasst mich in Ruhe."* War sie es oder lag es an uns, dass eine Art unsichtbare, aber deutliche Grenze zwischen uns war?

Vielleicht war jede von uns ja irgendwo zu wild, unzähmbar, stolz oder sittsam? Ein ums andere Mal fragte ich mich, warum sogar Jeshuas Macht unseren gegenseitigen Widerstand nicht aufgelöst hatte. Aber dann ließ ich es einfach. So war es eben, und eigentlich hatte ich schon genügend "Warums" im Kopf und brauchte nicht noch mehr davon.

Sarah hatte sich schon immer "abgesondert", aber Jakobea und ich konnten mit ihrer Art zu handeln und zu reden auch nicht besonders viel anfangen. Manchmal machte sie uns sogar Angst mit ihren Kehlkopfgesängen und Ritualen, von denen einige Menschen ins Dorf gelockt wurden. Aber man kann nicht einfach sagen, Teilen und Frieden seien etwas Schönes, weil wir das im Leben brauchen. Entweder sind wir bereit dafür oder nicht, und wenn es Zeit dafür ist, sieht man es nicht immer kommen. Nichts lässt sich erzwingen.

Wir waren also auf uns gestellt, Jakobea und ich. Es kam mir vor, als wären wir zwei Waisen mit einem immensen Erbe, mit dem wir nicht wirklich etwas anzufangen wussten. Zum Glück befanden wir uns unter freundlichen Menschen, auch wenn sie noch nicht verstanden, was wir bei ihnen taten.

Wir waren schon lange Weggefährtinnen und Seelenschwestern, aber heute sehe ich, dass unsere Verbindung an diesem ersten Abend in völliger Einsamkeit noch viel stärker wurde. Und dafür sorgte ein entscheidender Moment ...

Es war eine Nacht, in der uns bei einem leisen Gespräch das Wort *Atem* gleichzeitig auf die Lippen kam. Wir mussten lachen ... Es war das erste richtige Lachen nach Tagen. Es hielt nicht lange, aber zeigte uns, was wir noch alles in uns blockierten, zurückhielten und miteinander teilen mussten, um wieder zu leben zu beginnen.

Uns wurde klar, dass wir uns keine Gedanken darüber machen mussten, wie wir den *Atem* Jeshuas, Awouns, weitergeben sollten. Er würde selbst beschließen, uns damit zu überraschen. Er hatte *Seinen* Plan, und nicht daran zu glauben, wäre so gewesen, als würden wir nicht daran glauben, beide hier zu sein.

Und so fühlten wir uns zum ersten Mal am rechten Platz, seit wir am Strand angelegt hatten. Und wir zögerten nicht länger, uns von dem Wind "erfassen" zu lassen, der uns bis hierhergetragen hatte.

Als wir am nächsten Morgen zum Meeresufer gingen, fiel uns eine kleine Ansammlung von Männern und Frauen auf. Einer der Fischer, die wir kannten, lag auf dem Sand ausgestreckt und wand sich vor Schmerzen. Es war sein Bauch oder sein Rücken. Er konnte vor Schmerzen nichts sagen, und alle waren verzweifelt.

Ohne nachzudenken, beugte ich mich sogleich über ihn und setzte mich hin, um meine Hände dahin zu legen, wohin *etwas* mich leitete ... auf seine Brust, seinen Bauch, seine Fußsohlen. Ich verstand es nicht wirklich, aber ich wusste, was zu tun war. Es war unabhängig von den Gesten, die Jeshua uns ab und zu in kleinen Gruppen im Geheimen gelehrt hatte.

In Wirklichkeit war eine Intelligenz in mir, die nicht die meine war und die Kontrolle über meine Hände übernommen hatte, über meine Art zu atmen, über alles. Ich war zu einem Behältnis geworden, zu einem offenen Gefäß, das keine Gießform war, es sei denn mit Seinem Abdruck ...

Sein Atem wirkte, beruhigte, verwandelte, heilte und war in tiefer Eintracht mit mir.

Ich war glücklich über *Das*, was kam ... ich war *Eins* mit Ihm, mein Herz war voll von Seiner Gegenwart. Ich fühlte, wie Sie sich in mir ausbreitete und den Körper des Mannes überflutete, der mit seinen Schmerzen rang.

So war es ... Losgelöst von meinem Willen bewirkten meine Hände, bewohnt von der göttlichen Welle und der Kraft meines Glaubens, dass der Mann sich beruhigte und wieder besser atmete. Die Heilung stellte sich ein ...

Ich erinnere mich, dass mein Gesicht tränenüberströmt war, und auch Jakobeas Gesicht, das voller Mitgefühl war. Die Dorfbewohner beobachteten das alles zunächst ungläubig, zurückhaltend und neugierig, dann schließlich zuversichtlich und fasziniert von dem, was sie sahen.

Meine Hände bewegten sich schnell, zeichneten Symbole, die ich nicht kannte ... Ich musste mich fallen lassen, wie ein Kelch, der kein anderes Siegel trug als das unfassbare, unvorhersehbare Siegel des Meisters. Sein Atem öffnete mir nacheinander die Türen zu den Verletzungen des Mannes, der immer noch auf dem Sand ausgestreckt lag, und stieg bis zum Ursprung seiner Hauptkrankheit empor. Diese Krankheit musste ich aus seinem Körper vertreiben und auflösen ...

Dann sah ich den Blick des Meisters in mir, der mir sagte ... *"Es ist vollbracht, Shlomit ..."*

Das war alles ... Eine große Stille umgab uns. Der Mann erhob sich langsam, wie betäubt, ohne zu verstehen, was ich gerade mit ihm getan hatte. Aber wusste ich es denn selbst?

Ich beeilte mich, mit Jakobea zu unserer Hütte zurückzukehren, die hinter mir herlief, Bemerkungen machte und mir sagte, dass meine Hände mächtiger gewesen waren als jedes Wort ... Dass sie Gebete waren und für sie ein Zeichen, das erwartete Zeichen.

Jeshua hatte uns gesagt, dass die Gebenden empfangen und dies ein wesentliches Gesetz war. Damals hatte ich nicht wirklich verstanden, was Er mit diesem Satz meinte, aber jetzt begann er, einen Weg in mir zu weisen.

Ich vergrub das Gesicht in meinen Händen. Jakobea hatte sich schweigend neben mich gesetzt und einen Arm auf meine Schultern gelegt. Das befreite meine Kehle ...

"Jakobea, ich wollte helfen, aber ich habe mich ganz schnell überfordert von all dem gefühlt, was da in mir vorgegangen ist. Hattest du Angst? Erst fürchtete ich mich davor, was geschah, dann waren meine Hände wie von unzähligen Sternen übersät ... Sie gehörten mir gar nicht mehr!"

"Ob ich Angst hatte, Shlomit? Oh ja, um ehrlich zu sein ... Ich habe dich noch nie so gesehen! Von jetzt an werde ich mir Mühe geben, nicht mehr zu zweifeln, sondern unendlich und inniglich zu glauben, dass es etwas gibt, das uns übersteigt und uns auffordert, hier zu sein, um zu geben, was wir empfangen haben, ohne alles verstehen zu wollen. Und ich hatte immer gedacht, wirklich viel erlebt und gelernt zu haben! Glaubst du, mit meinen Händen wird das auch passieren? Aber ... hat man überhaupt die Wahl, meine Schwester?"

Ich schwieg lange, bevor ich Jakobea antwortete, die mich unsicher ansah. Ich hielt einen Zweig in den Händen und bog ihn zwischen meinen Fingern.

"Von der Angst, Jakobea, nehme ich mich nicht aus. Aber Angst wovor eigentlich? Wir haben zusammen so viel durchgestanden und so viel mehr empfangen als wir es für uns für möglich gehalten haben! Erinnere dich ...

Aber vor allem sieh uns an: Seit wir hier angekommen sind, sind wir immer nur im Kreis gegangen oder auf Zehenspitzen getrippelt, aus Angst, weiterzugehen, und dabei vergessend, dass man weitergehen muss, um auf den Beinen zu bleiben.

Mit dem, was gerade geschehen ist, habe ich den Atem endlich in mir spüren können, und langsam begreife ich, was Er mir zu sagen versucht, bis in meine Adern, bis in mein Herz hinein, und wie Er verlangt, sich auszubreiten, sich zu ergießen ...

Wir sind wirklich Gefäße, Jakobea. Ich weiß nicht, ob wir von Ihm auserwählt wurden oder unsere Seelen sich selbst dazu bestimmt haben, aber wir sind Kelche, die denen zu trinken geben müssen, die Durst haben, oftmals ohne es überhaupt zu wissen. Aber um uns zu ergießen, brauchen wir keine großen Worte, sondern sind nur aufgefordert, unsere Hände vereint mit unseren Herzen arbeiten zu lassen. Das ist unser Schlüssel, unser Weg!"

Bei diesen letzten Worten zerbrach mein kleiner Zweig mit einem trockenen Knacken und verteilte auf meinen Fingern einen Rest von seinem Lebenssaft. Für mich war dies ein weiteres Zeichen, aber ich teilte diesen Gedanken nicht mit Jakobea ...

Der Meister hatte mich einmal gelehrt, wie man Harz aus Zedernnadeln gewinnt. Er hatte mir gesagt, dass der Saft von allem, das existiert, das Leben ist, und mich angeleitet, mit meinen Händen über die Nadeln der jungen Zedern zu streichen, die in der Umgebung wuchsen, um daraus die Verdichtung des Lichtes zu gewinnen, denn auch sie strebten danach zu dienen. Dann hatte Er mir ins Ohr geflüstert:

"Nicht nur die Äste der Zedern wollen dienen. Sondern die Äste von allem, das die Natur dieser Welt bildet. Selbst ein Zweiglein hat seine Aufgabe."

Was mich betraf, so konnte ich mich nicht anders sehen als in Gestalt eines Zweigleins.

Erschöpft von diesem Tag fielen Jakobea und ich in unserer neuen Hütte in tiefen Schlaf. Sie roch so gut, dass man darin all die Liebe spürte, die die Menschen uns auf ihre Art dort hinterlassen hatten. All die tröstliche Gastfreundschaft war mir mehr denn je ein Rätsel. Zum ersten Mal war unser Schlaf von ganz neuer Freude durchdrungen, denn endlich eröffneten sich uns wirkliche Horizonte.

Doch mitten in der Nacht wachte ich jäh auf, meine Augen waren geblendet ... Eine von einem großen, makellosen

Licht umhüllte Gestalt beobachtete uns. Zuerst wollte ich nicht daran glauben ... Und doch!

Jeshua stand zwischen unseren Betten, und seine Hellig-keit war so machtvoll, dass ich gezwungen war, die Augen zusammenzukneifen. Nein, es war kein Traum ... Er stand wirklich da, gebadet in einen weißen, golddurchwirkten Schein, den ich nicht genau beschreiben kann. Ich musste völlig verstört oder wie ein ungläubiges Kind wirken, denn er warf mir sogleich sein sanftestes Lächeln zu, wie um mich zu beruhigen.

Ich konnte nicht anders als in Tränen auszubrechen und musste hemmungslos weinen, während Er mehrmals mit seiner so besonderen Stimme unsere Namen aussprach, wie um einen Schlüssel in einem Schloss umzudrehen.

Jakobea, die genauso aufgeschreckt und benommen war wie ich, hatte völlig zerzaustes Haar ... Im Halbschatten strömten aus ihren aufgerissenen Augen Tränen auf ihr ver-zerrtes Gesicht.

"Nein, kleine Schwestern, träumt keinen anderen Traum als den eures Lebens ... Ich habe mich zu euch geschlichen, um euch zu besänftigen mit all euren Fragen ... Was fragt ihr euch denn so viel? Habe ich euch nicht gelehrt, dass die Unterweisung nicht *nur* durch das Wort geschieht, sondern auch *durch* den Blick und *durch* den Dienst an anderen?

Ihr wollt behandeln, heilen ... doch zuerst einmal tragt ihr seit eurer Geburt einen Atem in euch, auch wenn ihr seine Macht erst seit diesem Tag wirklich entdeckt habt. Das ist die Farbe eures Wesens! Euer Weg ist jener, der die Seele über das Fleisch heilt. Warum stellt ihr euch so viele Fragen, wo es doch so einfach ist, meinen Atem und meine Liebe gemeinsam fließen zu lassen? So werdet ihr die Herzen berühren, und so werdet ihr zu jenen gehören, die die Einheit von Mond und Sonne in den Händen halten.

Vom heutigen Tag an seid voll und ganz die Kelche, die Gefäße, durch die die Macht, die mich durchströmt, sich ergießt, auf dass die Keime des Lichtes erblühen und das Land Kal *euer* Land wird ..."

Der Meister war so gegenwärtig, dass er nacheinander unsere Hände nahm. Ich sehe noch vor mir, wie er ein Siegel in unsere Handflächen drückte, das in der Nacht funkelte. Es glühte, dieses Siegel, aber wie beruhigend und liebevoll es war! Ich wusste nicht, was seine Linien bedeuteten, aber ich spürte seine Kraft.

Dann stimmte es also, dass wir nicht mehr allein waren. Jeshua war bei uns im Land Kal, in seinem verdichteten Lichtkörper. Er hatte uns nie verlassen und kam, uns zu sagen, dass Er nicht nur in unserer Erinnerung lebte.

Nach einem letzten liebevollen Blick kehrte die Dunkelheit in unsere Hütte zurück. Ein immenser weißer Wirbel hatte Seine Gegenwart mit sich genommen ...

Jakobea und ich saßen da, ohne ein Wort sagen zu können. Nur unsere Tränen sprachen für sich selbst.

Gerade war uns ein unglaublicher Schatz geschenkt worden, und schon jetzt wussten wir nicht mehr, ob er wirklich echt war oder unserer Fantasie entsprang, so sehr war all das "fast zu viel". Wir fassten uns an den Händen. Es fühlte sich an, als wären sie noch immer warm von Seiner Berührung.

Uns blieb nur, uns endgültig und widerstandslos Seinem Willen zu ergeben ...

Die *Gabe des Atems* zu empfangen bedeutete, *Das* Licht über *Sein* Licht hinaus zu teilen, wie Er es sich immer gewünscht hatte. Außerdem bedeutete es, nicht mehr Opfer unseres Exils zu sein und auch nicht mehr passiv oder zögerlich, auch wenn die Isolation eine große Erschütterung in unserem Leben war. Wir mussten uns bemühen und weiter verfolgen, was kaum erst begonnen war, und zwar viel weiter hinaus über das, was das Wort "Zutrauen" bedeutete. Die Intelligenz des Herzens ergab nun wirklich Sinn ...

Licht hat kein Land ... Es ist Eins!

Jeshua hatte uns in jener Nacht in unsere tiefe Wirklichkeit und unsere Bestimmung initiiert, und jetzt war es an Jakobea und mir, uns dessen würdig zu erweisen und die Lebensessenz zu manifestieren, die er unseren Händen hatte entströmen lassen. Wir mussten uns in Demut Seinem Willen überlassen, in aller Schlichtheit unserer Seelen. Keine Eroberung, kein Sieg, kein Ruhm war dabei zu gewinnen, sondern es ging darum, mit unseren Händen und Herzen geduldig *Seine Art zu lieben* zu weben.

Eigentlich hatte der Meister uns auf uns selbst zurückgeworfen. Er verlangte von uns, unsere inneren Visionen zu pflegen und uns selbst zu vertrauen, so wie Er uns vertraute. Den "Leid- und Schmerzgeplagten" zu helfen, die Gebete zu hören, die an unsere Ohren drangen, und nach bestem Vermögen Linderung zu verschaffen, nach dem heiligen Grundsatz, dass die Fähigkeiten einer Seele oftmals unsere Vorstellungskraft übersteigen.

Und schließlich mussten Jakobea und ich den Käfig unserer Gewohnheiten, Unsicherheiten und heimlichen, weil tief in uns verborgenen Ängste verlassen. Unsere geistige Festgefahrenheit, an der die Menschen auf ihrem Weg alle so sehr leiden ...

Aber der Geist mag keine Bequemlichkeit, scheint es. Denn sobald wir auch nur ein wenig zu vergessen begannen mit dem Zutrauen und der Stärke, die Jeshua neu in uns entfacht hatte, war es nur eine Frage der Zeit, bis unser Lebensweg uns wieder daran erinnern sollte ...

Etwas später nach dieser ersten Heilung und unserer Vision des Meisters machten Jakobea und ich uns auf die Suche nach Kräutern, um einige Salben herzustellen. Es war keine leichte Aufgabe, denn die Kräuter, die die Natur an diesem Ort zu bieten hatte, unterschieden sich etwas von unseren. Langsam lernten wir sie besser kennen. Es war nicht das erste Mal, dass wir uns dafür auf festen Boden vorwagten, recht weit vom Dorf entfernt. Es würde Vollmond sein, und ein paar Kinder hatten beschlossen mitzukommen.

Plötzlich erblickten wir hinter einem Dickicht aus Sträuchern eine Männergruppe, die auf uns zukam. Einige waren zu Pferd, die meisten gingen zu Fuß. Es waren ziemlich viele, sodass sie eine kleine Staubwolke aufwirbelten. Die Kinder rannten sofort davon. Zweifellos waren es römische Soldaten.

Jakobea und ich blickten uns bestürzt an. Ebenfalls davonzulaufen war sinnlos, denn das hätte uns nur verdächtig gemacht. Die bewaffneten Männer marschierten zügig und hatten uns bereits gesehen. Mussten wir erneut Angst haben? Schon wieder? Sogar hier? Ein paar Schritte von uns entfernt hielten sie, und ihr Anführer sprach uns an. Ich erinnere mich noch an seinen verblichenen, purpurfarbenen Mantel, der im Wind flatterte, während er Grimassen schneidend eine Hand über die Augen vor seinen Helm hielt, um uns besser sehen zu können.

Wir verstanden nichts von dem, was er sagte. Er schien sich zu bemühen, in der Landessprache zu sprechen, aber es klang unbeholfen, und da wir selbst noch weit davon entfernt waren, die Sprache gut zu kennen ...

Also beobachteten wir uns gegenseitig unschlüssig. Schließlich zuckte er mit den Schultern, sagte die Wörter noch einmal und stieg vom Pferd. Ich erstarrte ... aber zum Glück wollte der Soldat nur wissen, was wir in unseren Körben hatten, bevor er grinsend wieder in den Sattel stieg und zum Rest seiner Truppe ritt.

Dabei blieb es, aber es genügte, um alte, schmerzhafte Bilder wieder in uns hochkommen zu lassen. Würden die Römer sich auch hier zwischen das Leben und uns drängen? War Jeshuas Name bis zu ihnen vorgedrungen? Ich war mir fast sicher, denn was dieser Name bedeutete und vor allem Das, was er atmete, eilte uns gewiss voraus.

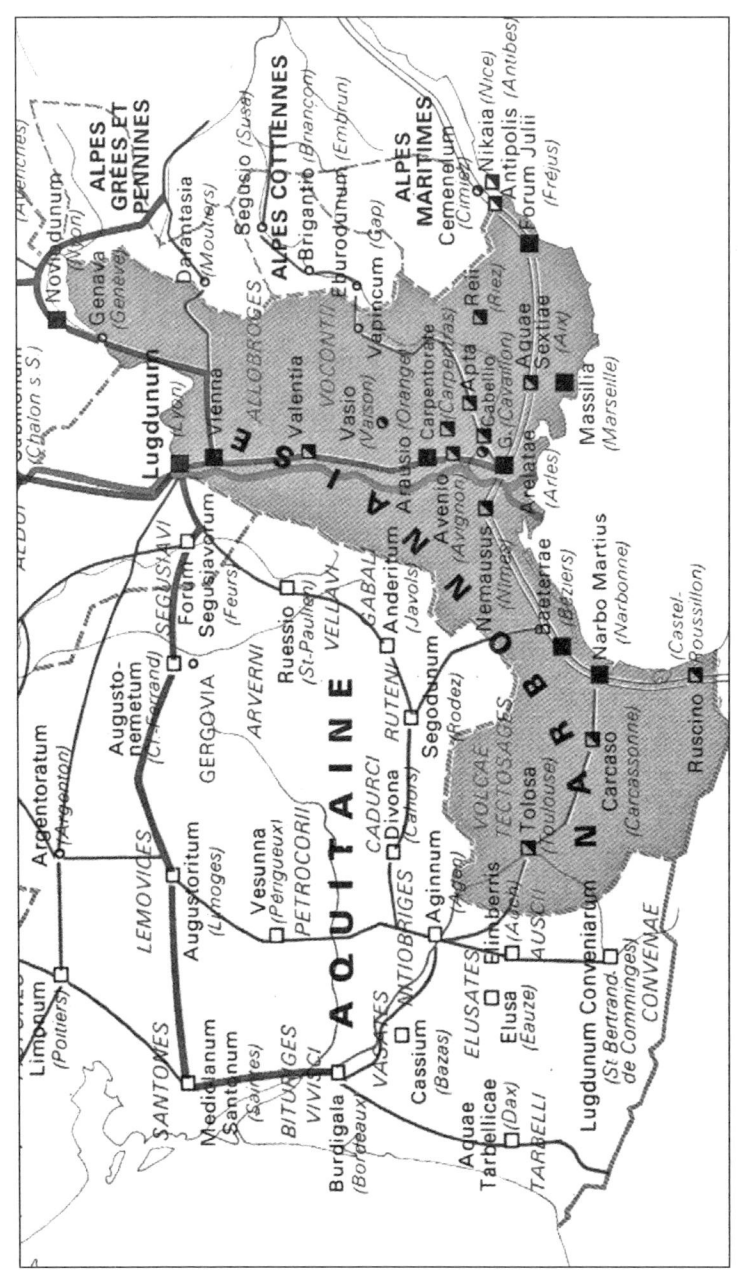

Gallien während der Römerzeit

6. Kapitel

Der Vollmond von Belisama

Ein Leben muss etwas dienen, aber dieses Etwas muss nicht unbedingt Lärm machen. Lärm vermag oft die Persönlichkeit und manchmal den Körper zufriedenzustellen, aber er tut nie der Seele gut. Ohne also laut zu sein, wollte ich, dass mein Leben einfach der Liebe diente, und sicherlich war Jeshua genau deshalb erschienen.

Aber eine Frage blieb: War Jeshua zu mir gekommen oder hatte ich auf Seine Gegenwart gehofft? Es sei denn, dass Er schon die ganze Zeit über da gewesen war ... Ja, am geliebten Ufer von Bethsaida hatte ich Ihn gewiss unbewusst gerufen, und Er hatte mich deutlich gehört. Ja, ich hatte darauf gehofft, aber führt denn die Große Intelligenz des Lebens nicht immer die wahren Begegnungen herbei, genau die Umstände, die wir brauchen, um zu wachsen und zu manifestieren, was unsere Seele unter ihrem geheimen Siegel trägt?

Gewiss war es so, und auch deshalb wagte ich eines Abends am Ende eines Steges in unserem kleinen Dorf auf dem Wasser erneut eine Anrufung. Jakobea hielt meine Hand und sagte zu mir, dass ihr Herz genauso durstig war wie meines.

Am Tag darauf wurden wir wie als Antwort darauf von einer Macht gedrängt, eine der Frauen zu besuchen, die sich seit unserer Ankunft am meisten um uns gekümmert hatte. Sie hieß Betua und war die Ehefrau des Anführers des Dorfes. Inzwischen konnten wir die Sprache unserer Gastgeber besser sprechen und brauchten dringend ein offenes Ohr, um endlich mitzuteilen, was uns beschäftigte, und sei es nur einen kleinen Teil davon. Der Atem brauchte Worte an diesem Tag.

Betua kämmte gerade das dicke Haar ihrer jungen Tochter Subrona vor der Tür ihres Hauses, als sie uns kommen sah.

"Oh", sagte sie, als wir uns näherten, "gerade hatte ich gedacht, dass ich euch sehen muss, euch und Sarah. Ich muss mit euch sprechen, denn mein Ehemann kann sich nicht dazu durchringen, und sonst wird es hier niemand tun."

Wir setzten uns auf die hölzerne Brücke, erstaunt und etwas beklommen zugleich.

"Hört zu", fuhr sie nach Worten suchend fort, "wir hätten schon vor langer Zeit mit euch reden müssen, aber wir waren uns sehr unsicher, und wir haben gelernt, vorsichtig zu sein. Wir sind einfache Leute und lassen uns leicht belügen. Es ist gut, dass ihr bisher noch gar nichts erzählt habt.

Wir hatten nur gesehen, dass ihr von sehr weit weg kamt und eure Augen nicht waren wie die der anderen ..."

"Und wie waren sie?", fragte Jakobea stockend.

"Ich weiß nicht ... aber jeder hat es bemerkt, und so ist es noch immer. Sie schüchtern uns ein. Es ist, als hätten sie zu viele Dinge erlebt, die man nicht erzählen kann ... aber so schöne Dinge, dass sie zu sehr wehtun. Ach, ich weiß nicht, wie ich euch das sagen soll ..."

Bei diesen Worten spürte ich Tränen in meine Augen steigen. Sie drückten so genau aus, was wir empfanden! *So schöne Dinge, dass sie zu sehr wehtun ..."* Lächelnd senkte ich den Blick. So war es, genau so ...

"Wisst ihr", fuhr Betua fort, "es gibt eine Prophezeiung in diesem Land. Niemand weiß, wann sie verkündet wurde, aber sie ist alt. Eine Priesterin von Arelate[16] soll sie vor sehr langer Zeit am Ende einer Zeremonie in Belisama verkündet haben. Ihr wisst natürlich nicht, wer Belisama[17] ist. Wir machen oft Feuer zu ihren Ehren. Leider wolltet ihr nie dazukommen. In unserer alten Sprache bedeutet Belisama 'die Leuchtendste', jene, die wie die Gemahlin der Sonne ist."

Es war das erste Mal, dass wir diesen Namen hörten oder zumindest, dass wir ihm Aufmerksamkeit schenkten.

---

[16] Die heutige Stadt Arles in der Provence

[17] In der druidischen Tradition wird Belisama als Gefährtin des Belenus dargestellt, des Gottes der Sonne, des Frühlings und der Erneuerung.

"Und wie lautet diese Prophezeiung?", fragte Jakobea.

"Sie lautet, dass eines Tages Männer und Frauen über das Meer zu uns kommen werden, vor allem Frauen ... Dass sie den Sonnenwind tragen, den wahren Blick haben und die Hände aufzulegen wissen, wo Schmerzen sind. Nun gut, eindeutiger kann es nicht sein. Wir glauben jetzt, dass Belisama euch schickt!"

Ich erinnere mich, dass ich mich von diesen Worten wie erstickt fühlte. Wer war diese Belisama, die wohl tatsächlich unsere Ankunft richtig erahnt hatte? Dann gab es also Priesterinnen in diesem Land? Bei uns war so etwas unmöglich, undenkbar!

Was hatte das zu bedeuten? Dass die mysteriösen Kräfte, an die die Einheimischen in dieser Gegend glaubten, der Auffassung waren, dass Frauen würdig genug waren, sich mit der Welt des Geistes abzugeben? Dann sprachen sie ja wie der Meister?

Plötzlich flogen in meinem Kopf alle möglichen Gedanken durcheinander, und mir wurde klar, dass wir seit unserer Ankunft niemals wirklich darauf geachtet hatten, woran unsere Gastgeber eigentlich glaubten. Wir waren mit unserer Wahrheit zu ihnen gekommen, mit dem Atem, der uns durchströmte, aber viel mehr war nicht daraus entstanden. Unsere Ohren und Augen waren wie erstarrt und verschlossen geblieben, völlig entgegengesetzt zu dem, was Jeshua uns gelehrt hatte. Und zugegebenermaßen hatten auch Joseph und die anderen, die mit uns gereist und nun in den Osten,

Westen oder Norden des Landes weitergezogen waren, sich nicht damit beschäftigt.

Wir waren so besessen von unserer eigenen "Mission" gewesen, dass wir vergessen hatten, uns zu fragen, was unsere Gastgeber eigentlich erlebten und zu teilen hatten. Gefangen in unserem Wunsch zu reden und zugleich zu schweigen und von der Anmaßung getragen, die einzigen Träger des Lichtes zu sein, hatten wir ohne Frage einen falschen Weg eingeschlagen ... Das war nun ganz offensichtlich.

Wie wollten wir den Atem weitertragen, Den wir zu unserem machten, und dabei gleichzeitig denen unsere Ohren und Herzen verschließen, die andere Wege gegangen waren?

Sogar Joseph schien in diese Falle getappt zu sein, da er uns zwar nahegelegt hatte, wir sollten nicht zu überzeugen versuchen, dann aber trotzdem überzeugen wollte, statt einfach zu *sein*, ohne auf irgendetwas hinzuarbeiten. Es war tückisch ... Einen Augenblick lang schämte ich mich für unser Verhalten. So konnte es nicht weitergehen.

Hatte Jeshua uns nicht immer wieder gesagt:
"Wohin ihr auch geht, das Licht ist überall! Lasst keinen Tropfen aus ... Trinkt es!"
Ich war zutiefst besorgt, wie taub wir waren.

"Wer ist Belisama? Bitte sag es uns", bat ich Betua schließlich.

"Ich sagte es dir schon. Sie ist die Leuchtendste ... Sie ist wie die Schwester oder Ehefrau der Sonne.

Aber über all das möchte unser Anführer, mein Ehemann Olovico, zu euch sprechen, denn die große Belisama ist auch die *Heilende*."

Zwei Tage später fanden wir uns vor Olovico und einigen Dorfbewohnern wieder. Auch Sarah war da. Also war auch sie von diesem Volk eingeladen worden, das Belisama diente. Jakobea und ich tauschten einen besorgten Blick. Seit die anderen fortgegangen waren, hatte Sarah uns verstärkt gemieden, weil sie, das hatte sie uns zu verstehen gegeben, allein und frei leben wollte. Wir wussten nicht mehr, wie wir mit ihr umgehen sollten. Sie war so empfindlich und unberechenbar!

Sarah blickte mich zuerst mit ihren ebenholzfarbenen Augen an ... Ich konnte nicht anders, als mich schnell von ihrem Blick zu lösen. Er beunruhigte mich. Ihre dunkle Gesichtshaut sah im Lichtschein der Öllampen seltsam tiefgründig aus, ihr krauses Langhaar wurde nur unzulänglich von einem braunen Schleier eingerahmt. Ich erinnere mich auch an ihre Arme, die sie neuerdings entblößte, wie um auf die Freiheit zu bestehen, die sie für sich in Anspruch nahm.

Sie waren von einer Menge seltsamer Armreife eingefasst. Offenbar hatte sie sie mit kleinen Muscheln, Holzsplittern, Glassplittern und Federn dekoriert. Sie mussten einen Sinn für sie haben ... Eine Art Botschaft für den, der sie zu lesen wusste.

Genau wie uns hatte Jeshua auch sie die Kunst des Heilens gelehrt, aber sie hatte Wert darauf gelegt, sich ihre eigenen Rituale und Geisteranrufungen zu bewahren. Sie hatte sie von ihren Vorfahren, und sie waren auch ihr "Sprachrohr", wie sie mir einmal in Galiläa gesagt hatte. Sie behauptete, dass sie alles verstärkten ...

In Wirklichkeit war ihre Persönlichkeit fasziniert von der Magie, die sie zutiefst im Blut hatte. Sarah konnte ihre Herkunft nicht vergessen.

Für Jakobea und mich war das Heilen ein Akt, den man mit bloßen Händen und betend durchführte, aber für sie verhielt es sich augenscheinlich anders. Sie brauchte dazu ihre "Helfer", kleine Gegenstände und mysteriöse Medaillons. In ihren Augen waren sie ein Schutz, der für ihre "Arbeit" notwendig war.

Als sie mir davon erzählt hatte, hatte sie mit einem leicht herausfordernden Lächeln hinzugefügt: *"Shlomit, ist nicht auch der Meister ein Magier?"*

Dass sie das Wissen des Meisters als das eines Magiers oder Zauberers deutete, hatte mich zutiefst schockiert.

Und doch: Wenn Sarah zu der Reise auserwählt worden war, wenn sie heute hier war und ebenfalls im Dorf geblieben war, dann war das kein Zufall. Einige, die sie besonders willkommen geheißen hatten, waren fasziniert von ihrer lebhaften, manchmal überschwänglichen Art und ihrer dunklen Haut, die sie geheimnisvoll fanden.

Gleichzeitig hatten einige auch Angst vor ihr, denn sie blieb immer rätselhaft, und es fiel ihr schwer, die Sprache der Einheimischen zu sprechen. Wie auch immer – dass sie trotzdem wie wir beide auch eingeladen worden war, um im Kult der Belisama unterwiesen zu werden, bedeutete, dass sie bei ihnen ihren Platz hatte, mit ihrer eigenen Seelenfarbe hinter ihrer Hautfarbe.

Warum, sagten wir uns immer wieder, sollten wir dann nicht einfach begrüßen, wie sie war? Wer waren wir, darüber zu urteilen?

Also nahm ich Jakobeas Hand und ging entschlossen auf Sarah zu. Wir setzten uns neben sie. Vielleicht war es an der Zeit, unsere Seelen für ihre Empfindungen zu öffnen. Sarah lächelte mich an, als hätte sie meine Gedanken gelesen, und ergriff schließlich meine Hand.

Wieder zu dritt, waren wir zum ersten Mal wieder vereint, um uns anzuhören, was Olovico uns mitzuteilen hatte. Unser Misstrauen hatten wir endlich hinter uns gelassen.

Als der Vollmond nahte, beschlossen Betua und Olovico mit zwei oder drei anderen aus dem Dorf, uns an einen Ort namens Vasio[18] zu führen. Es war weit weg ... Ihnen zufolge waren es fünf bis sechs zügige Tagesmärsche dorthin, aber für uns, die an der Seite des Meisters so viel auf Wegen und Pfaden gewandert waren, würde es einfach nur eine weitere Reise sein. Es war also nicht die Entfernung, die uns Sorgen machte. Was wir eher fürchteten, war, was wir an diesem Ort vorfinden würden.

"Mit dem, was ihr in euch tragt, mit euren Händen, die heilen wollen, müsst ihr verstehen, was uns leben lässt und woran wir glauben. Es wird eine große Zeremonie geben. Wir werden das Feuer und das Licht feiern und Kräuterbrot essen. Es wird großartig für die Seelen sein, ihr werdet

---

[18] Genauer Vasio Voncontiorum, das der heutigen französischen Gemeinde Vaison-la-Romaine entspricht.

sehen ... Wie sollt ihr auch euer Herz leeren von dem Kostbaren, das es so sehr zu bewachen scheint, wenn ihr nicht
empfangen wollt, was in unserem ist?"

Olovico hatte recht. Also brachen wir mit Beuteln bepackt
auf und akzeptierten auch, uns mit Häuten zu bedecken,
da die Jahreszeit kühl und der Wind manchmal sogar eisig
war. Wir würden Römern begegnen, wahrscheinlich vielen,
da wir über Nemausus[19] gehen und dann eine steinerne
Straße nehmen mussten, die sie für ihre Armee und ihre
Streitwagen gebaut hatten.

Auch mussten wir wieder unsere alten Gewohnheiten
aufnehmen und entweder draußen oder in Ställen übernachten. Olovico hatte zwar so genannte *Mansiones* an den
gepflasterten Straßen erwähnt, in denen man schlafen und
essen konnte, aber sie waren den Römern vorbehalten, und
zwar nicht irgendwelchen, sondern solchen, die für das Römische Reich unterwegs waren ... Boten oder Zenturionen,
die ihren Purpur zur Schau trugen.

Staubbedeckt gelangten wir schließlich nach Vasio, das
in der goldenen Abendsonne badete. Die Stadt schien mir
groß und sehr wohlhabend zu sein und war von Olivenbäu-
men und Korkeichen umgeben. Betua hatte mir bereits gesagt, dass wir dort nicht bleiben, sondern die Steinbrücke
überqueren würden, die einen reißenden Fluss überspannte,
und dann rasch auf den felsigen Hügel steigen würden, wo
übermorgen der Kult der Belisama stattfinden würde, wenn
der Mond, wie sie es ausdrückte, "bereit zu gebären" war.

---

[19] Nîmes. Die Via Antonin führte durch das Rhonetal bis nach Valence.

Ich habe mir die Erinnerung an diese Nacht gut im Gedächtnis bewahrt, und ich weiß, dass es bei Jakobea genauso war ...

Nachdem wir einen Steineichenhain durchquert hatten, kamen wir in Sichtweite einer Anhöhe, auf der sich eine Holzpalisade rund um eine ziemlich große Fläche erhob. Olovico flüsterte uns zu, dass diese Art heilige Stätte *Nemeton* genannt wurde und dort ihre Priester und Priesterinnen, Druiden und Druidinnen ihren Dienst taten.

Um den *Nemeton* herum verlief ein Graben, den man über einen ebenfalls hölzernen Steg überquerte. Viele waren schon da und saßen schweigend um einen Kreis aus großen Steinen, in dessen Mitte ein Baum wuchs. Uns war gesagt worden, dass dies das große Fest von Belisama war, das Erntefest, das man jeden Herbst feierte, wenn Nacht und Tag dieselbe Macht auf Erden hatten.

Ich gebe zu, dass ich mich etwas unwohl fühlte, als ich dort hinkam und mich zwischen den Männern und Frauen niederließ, von denen ich nichts wusste und die dort, woher Jakobea und ich kamen, abscheuliche Gottlose gewesen wären. Abermals fragte ich mich, ob wir Jeshua nicht verrieten ... Aber es war Frieden an diesem Ort, das mussten wir anerkennen, und nichts war kostbarer, denn wo Frieden ist, kann Liebe erblühen, selbst wenn ihr Duft uns unbekannt ist.

Ich weiß noch, dass wir ziemlich lange so warteten. Manchmal erklangen leise Gesänge von einer kleinen Gruppe Frauen nicht weit von dem Baum in der Mitte entfernt. Sie unterhielten ein Feuer und warfen Kräuter auf die heiße Glut, genau wie es auch bei uns in den Dörfern Galiläas hätte sein können.

Die Frauen waren weiß gekleidet, und es schien tatsächlich, als würden sie die Zeremonie leiten. Schon allein die Vorstellung hätte die Menschen in den Synagogen und im Sanhedrin[20] erschaudern lassen.

Es war unglaublich ... Geschah das, um uns darauf vorzubereiten, zumal der Meister so großen Wert daraufgelegt hatte, uns Frauen zu unterweisen, trotz der Steinwürfe, die man Ihm manchmal angedroht hatte?

Von Zeit zu Zeit drehten Betua und Olovico sich in unsere Richtung, um zu sehen, ob alles gut war. In Wahrheit konnte es gar nicht anders als gut sein, denn wir verstanden zwar nicht, was die Gesänge oder die Gesten der Hände über den Flammen und der Glut bedeuteten, aber unsere Seelen fühlten sich von etwas Heiligem angesprochen, das über einen Weg zu ihnen gelangte, den sie nicht kannten. Es war einfach nur wunderschön ...

Dann schließlich, in tiefster Nacht, erhob sich eine der Frauen in Weiß. Sie schien mir sehr groß zu sein, und ihr Kopf war von einem langen Schleier bedeckt, der bis auf ihre Taille hinabreichte. An seinen Rändern waren kleine

---

[20] Zur Erinnerung handelt es sich um den hohen Rat der Priester in Jerusalem. Zur Zeit Jesu hatte der Sanhedrin weitreichende Befugnisse: die inneren, zivilen, aber auch kriminellen Angelegenheiten des Landes.

Blätter und getrocknete Blüten angebracht. Ich dachte, dass dies gewiss an den Herbst erinnern sollte.

Sie erhob sich, nahm einen Korb voller Früchte, umrundete den Baum und stellte den Korb dann zwischen seinen Wurzeln ab. Es musste ein sehr alter Baum sein, denn sie waren sehr zahlreich und knorrig. Schließlich nahm die Priesterin eine Art großes Messer und schnitt einen kleinen Ast aus dem noch gut belaubten Blattwerk.

Im selben Augenblick erhoben sich die anderen Frauen aus der Gruppe und stimmten aus voller Kehle einen sehr seltsamen, langsamen Gesang an, während sie die Arme zum dunklen Himmel emporstreckten.

Dann rezitierte die Priesterin etwas, begann wieder, den Baum zu umkreisen, und bewegte energisch den abgeschnittenen Zweig in unsere Richtung, und wir alle standen auf. Um uns herum begannen einige zu singen, andere zu beten, bisweilen mit dem Gesicht zum Boden, bisweilen mit dem Blick zu den Sternen.

Jakobea griff nach meiner Hand, und wir blickten uns etwas verloren an wie zwei Kinder. Und so beteten wir aus tiefstem Herzen zum Ewigen, wie Jeshua es uns gelehrt hatte, mit Worten in unserer eigenen Sprache, davon überzeugt, dass all das hier richtig war, weil es einfach und friedvoll war. Was Sarah betraf, die nicht weit entfernt stand, sah ich nur, dass sie sich vollständig ihren Schleier über das Gesicht gezogen hatte und den Kopf gesenkt hielt. Rezitierte sie ihre eigenen Gebete?

Dann schließlich, nach einem sehr langen Moment, als die Gesänge verklungen waren, setzte die Menge sich schweigend hin und saß dort bis weit in die Nacht, während recht wahllos ein Getränk[21] herumgereicht wurde. Als ein Krug bei uns ankam und wir ihn an die Lippen führen mussten, begriffen wir, dass es eine Art Bier war ... wahrscheinlich jenes Bier, das Leben spenden sollte und von dem Olovico uns schon kurz erzählt hatte.

Ich musste an den Wein denken, den wir ab und zu mit Jeshua geteilt hatten. Ich sagte mir, dass das natürlich nicht "dasselbe" war, und warf mir kurz vor, wie ich es wagen konnte, mir einen solchen Vergleich überhaupt vorzustellen. Aber war das wirklich so wichtig? Ich verbot mir selbst, weiter darüber nachzudenken.

Ich erinnere mich, dass Jakobea und ich uns am Tag darauf im Gegensatz zu Sarah an nichts beteiligen wollten und vorgaben, beten zu müssen, was uns allerdings wirklich ein Bedürfnis war, denn die Nähe zu "einem anderen Heiligen" hatte uns ein wenig durcheinandergebracht. Aber konnte es überhaupt "ein anderes Heiliges" geben? In Jeshuas Augen hatte es immer nur Einen Einzigen gegeben, und Dieser durchdrang alles, sobald Liebe vorhanden war.

War Liebe in dem gewesen, woran wir uns nicht beteiligt hatten? Sarah zufolge ja ... Priester, diesmal Männer, hatten

---

[21] Wahrscheinlich Gerstensaft, der Vorläufer des Bieres, der als Blut des Hirschgottes Cernunnos galt, der im Frühling als Symbol der Erneuerung und Erlösung getötet wurde.

Krähen in den Himmel geworfen, um ihren Flug zu deuten und sich auf diese Weise von den Seelen der Verstorbenen Rat zu holen.

Liebe? Vielleicht oder sogar wahrscheinlich, sagten wir uns, als wir das hörten. Aber Weisheit ... daran zweifelten wir, denn für uns bedeutete Wahrsagerei, das Leben zu beschwindeln.

In Gallien galt Belisama zugleich als Jungfrau und Mutter der Schöpfung. Außerdem ehrte man ihre Gegenwart an der heimischen Feuerstelle. Ihr Kult wurde häufig mit dem Kult des Hirschgottes Cernunnos verbunden, dessen Blut man mit dem Ziel der Erneuerung in Form von Bier (Cervisia) trank. Belisama wurde heraufbeschworen, um Intuition und Meditation zu erleichtern und Schönheit zum Ausdruck zu bringen. Dank ihrem Ruf als Heilerin wurden ihr zahlreiche Thermalquellen gewidmet. Einige Druidinnen und Druiden machten aus ihr die Göttin der Sonnen- und Mondstrahlen. Heute würde man von ihr sagen, dass sie die Heilige Weiblichkeit repräsentierte. Belisama war außerdem die Herrin des Webens. Daran erinnert auch die Kunst der Ärzte von Alexandria und der Essener, die sich mit Webern verglichen, da sie die Waagerechte und Senkrechte der Lebenskraft zusammenführten.

7. Kapitel

Heilungen

Einige Tage später waren wir wieder zurück im Dorf. Uns war die Reise etwas zu schnell gegangen, denn da wir der Römerstraße gefolgt waren, hatten wir nicht in Taruscu[22] Halt gemacht. In Vasio hatten wir einige, die auch am Kult von Belisama teilgenommen hatten, von dieser Ansiedlung sprechen gehört.

Es war unser Aussehen, das sie daran hatte denken lassen. Denn ihnen zufolge gab es neuerdings Berichte über eine Frau, die allein in Taruscu lebte. Man sagte, dass sie von weit herkam und mit den Händen heilte. Die Vermutung lag nahe, dass es sich bei ihr um eine Gefährtin von uns handelte. War es Miriam? Martha oder eine andere? Bathseba vielleicht? Wie gerne hätten wir dort angehalten, nach ihr gesucht und mehr in Erfahrung gebracht.

Aber wir mussten uns beeilen, hatte Olovico gesagt, weil eine der Priesterinnen von Belisama ihm gesagt hatte, dass

---

[22] Das heutige Tarascon

ihre im Dorf gebliebene Tochter Subrona krank war. Für ihn und Betua war das nicht anzuzweifeln, und wir mussten so schnell es ging zurück.

Und tatsächlich: Im Wirrwarr der Pfahlhütten angekommen, das nun zu unserem Wohnort geworden war, fanden wir das Mädchen mit hohem Fieber vor. Eine Heilerin saß neben ihr auf dem Boden eines kleinen, dunklen, verrauchten Zimmers, sie hatte Schlamm und Kräuter auf Stirn und Brust des Mädchens verteilt. Man bekam kaum Luft zum Atmen, denn sie verbrannte reichlich Kräuter, die ihrem Kult zufolge das Böse verjagen würden, das Subrona ereilt hatte.

Das hübsche Gesicht der jungen Kranken war schweißgebadet, ihre bläulichen Lippen verrieten furchtbare Qualen. Sie sah grau aus, ihr Gesicht war wächsern, und ich dachte an das Schlimmste. Ich hatte große Angst um sie, konnte mich aber nicht aufdrängen, ohne der Heilerin und auch den Eltern zu nahe zu treten. Die Bitte um Hilfe musste von ihnen kommen.

Seit meiner Ankunft im Dorf hatte ich mich besonders zu diesem Mädchen hingezogen gefühlt, denn sie berührte "etwas" Vertrautes tief in meiner Seele. Es musste auf Gegenseitigkeit beruhen, denn sie folgte mir häufig unauffällig, wenn ich aufbrach, um Heilkräuter zur Zubereitung meiner Salben zu sammeln.

Wenn ich traurig war und meine Seele sich zurückziehen musste, um mein Heimweh zu vertreiben, und ich mich am Ende des Stegs ans Meer setzte, kam Subrona oft zu mir an den Strand und starrte wie ich auf den Horizont. Zwischen unseren Wesen war eine wunderbare Verbundenheit, und sie hatte mir sogar gesagt, dass sie ahnte, welches schreckliche "Weh um mein Land von früher" ich haben musste. Und auch ein Weh um die Meinen, eine Art tiefen Kummer, der mich einhüllte und den sie nicht ganz verstand, aber den sie wortlos zu teilen versuchte, was wahrer Balsam gegen meinen Schmerz war ...

So wie ich war auch Subrona eine *Schweigsame*, und ich schätzte diese Eigenschaft an ihr. Ich begriff rasch, dass die "Kleine" bereits "groß" in ihrer Seele war. Sie wusste, dass in der Abwesenheit von Worten tiefer Trost liegen konnte.

Jeshua hatte uns die Bedeutung des "beredten Schweigens" gelehrt, wie Er es nannte. Ganz offensichtlich kannte auch sie diese Weisheit. Ich liebte ihr sanftes Gesicht, ihr langes Haar, das ein bisschen aussah wie meines, und ihren intensiven Blick, der in anderen zu lesen schien. Sie erinnerte mich an eine meiner jüngeren Schwestern, die ich kaum gekannt hatte, als ich noch bei meinen Eltern in Bethsaida lebte, am schönen Ufer meines geliebten Sees von Tiberias. Es war noch vor Zachäus gewesen, vor Zebedäus, auch noch vor dem Meister ... Oh, er fehlte mir so, Zebedäus ... ob er wohl noch lebte?

Jakobeas Stimme riss mich aus einer Art plötzlichen Benommenheit, die mich erfassen wollte ... Erneut blickte ich Subrona bewusst und intensiv an. Es tat meinem Herzen so weh, sie so zu sehen!

Die Heilerin war immer noch da, aber was genau tat sie eigentlich? Was tat sie wirklich? Subrona schien inzwischen völlig abwesend zu sein. Aber Jakobea und ich beschlossen, Olovico und Betua mit ihrer Tochter allein zu lassen.

Sie versuchten nicht, uns aufzuhalten.

In meiner kurzen Nacht fand ich keinen Schlaf, und kaum war der Tag angebrochen, als Olovico und seine Ehefrau an der Tür unserer Hütte meinen Namen riefen.

"Shlomit! Shlomit! Subrona geht es sehr schlecht, und sie verlangt in ihrem Fieber nach dir. Komm schnell, wir fürchten um ihr Leben. Unsere Tochter ... sie ist unser ein und alles!"

Bestürzt eilte ich ihnen nach, Jakobea folgte mir mit unseren Salben. Dann war es also ihrer Heilerin nicht gelungen, das Übel zu bekämpfen, das Subrona zusetzte. Ihre Medizin hatte also nicht gewirkt, und das trotz der Verehrung, der der Heiligkeit der Belisama erwiesen worden war, trotz der Opfergaben im *Nemeton*? Warum?, fragte ich mich. War das Heilige denn nicht das Heilige? Ich war völlig durcheinander. Musste Subrona also sterben? Hatte sie noch ihren Platz in dieser Welt? Wahrscheinlich war das die wirkliche Frage ... Jeshua selbst hatte nicht alle heilen oder pflegen wollen. Er hatte uns gelehrt, dass jeder Seele ihre Zeit in dieser Welt beschieden war und dass Abschiede, auch wenn sie uns manchmal zu grausam und ungerecht erscheinen, immer richtig sind.

Als ich mit der, die mehr denn je meine Seelenschwester war, bei Subrona angekommen war, blickten die Frau mit den Pflastern und Kräutern und ich uns in die Augen ... Dass die Eltern des Mädchens letztendlich nach mir verlangt hatten, verletzte sie sichtbar und beleidigte sie zutiefst, als würde das bedeuten, dass sie ihren Glauben an Belisama und ihr Vertrauen in sie verleugnet und in eine oder zwei dahergelaufene Fremde gesetzt hätten, in zwei Frauen, die nichts oder fast nichts als ihre Hände hatten, um zu heilen, zwei elende Frauen, die ein Geheimnis hinter ihren Augen verbargen und die Erinnerung an irgendeinen Meister, von dem niemand etwas wusste.

Als ich mich daran machte, Subrona die Hände aufzulegen, wurde mir bewusst, dass diese Heilerin mich verabscheute. Es war deutlich zu spüren. Gemeinsam mit meiner "Komplizin" Jakobea würde ich immer die verdächtige Fremde für sie bleiben, die von einigen Leuten im Dorf bereits *die heilende Fremde* genannt wurde und deshalb zweifellos eine Feindin der großen Belisama war. Mich schauderte unter ihrem zornigen Blick. Zum Glück war Jakobea wie ein Fels in der Brandung. Mit beruhigender Kraft und stolzem Blick wandte sie sich der Frau spontan zu.

"Hör zu ... Shlomit drängt sich nicht auf, du brauchst keine Rivalin in ihr zu sehen. Sie hat nichts zu beweisen, hat um nichts gebeten und bemüht sich genau wie du, dieser Kleinen zu helfen. Das war die Bitte ihrer Eltern heute Morgen. Wir sind nicht deine Feindinnen. Wir sind nur Frauen, die Menschen heilen, die leiden und Angst haben. Warum nicht unsere Kräfte bündeln, statt uns wie Gegnerinnen zu benehmen? Möchtest du denn nicht, dass alles versucht wird, um Subronas Leben zu retten?"

"Coria, lass ihnen ihren Platz", forderte Olovico sie unmissverständlich auf. "Tatsächlich haben wir sie gebeten zu kommen. Es ist unsere Entscheidung. Wir wollen alles versuchen, um unsere Tochter zu retten."

Sofort eilte die Frau hinaus, ohne sich noch einmal umzublicken.

Leicht über Subrona gebeugt, verfiel ich in Sorge, und ganz allmählich beschlich mich auch die Angst ... Die eine wie die andere ist zäh, und wenn wir nicht achtgeben, kann unsere Seele tief darin stecken bleiben! Ich suchte in mir danach, was Jeshua immer wieder zu mir gesagt hatte ...

"Verhake dich niemals zwischen zwei Positionen, Shlomit. Zügele deine Fantasie, akzeptiere die unergründliche Richtigkeit des Entstehenden, wogegen nichts in dir etwas ausrichten kann. Wisse, dass es kein Schicksal gibt, sondern Notwendigkeiten. Diene nur dem Unendlichen Herrn und sieh Ihn vor allem nicht außerhalb von dir. Dann wirst du sehen, dass deine Stärke sich vervielfacht und zu Macht wird ..."

Ohne weitere Umschweife setzte ich mich auf den Boden neben Subrona, die weiter bewusstlos und fiebrig war. Ich bat Jakobea, mir einen Krug mit warmem Wasser und Tücher zu bringen, um dem Mädchen Gesicht und Brust zu reinigen, die noch immer von den Auflagen bedeckt waren, und ersuchte außerdem Betua, den Raum zu lüften und Corias Kräuter fortzunehmen, die nach wie vor reichlich abbrannten und uns das Atmen erschwerten.

"Olovico, bring uns saubere Decken. Diese hier sind durchnässt ...

Jakobea ... Hast du unsere Salben gegen Fieber? Komm und hilf mir, sie zu waschen, trag die Salben auf ihren Körper auf, wo es notwendig ist, und bete mit mir. Bete, wie wir es kennen, wie Er es uns gelehrt hat. Aber ... oh, entschuldige, du weißt das ja genauso gut wie ich ..."

Von meiner inneren Glut getragen, nahm ich Subronas Hand und hielt sie einen sehr langen Moment an mein Herz. Dann ließ ich meine rechte Handfläche über ihren leblosen Körper wandern und versuchte, ihre Lebensadern anzuregen oder zu besänftigen. Ich musste das Feuer hinaustreten lassen, das sie ganz und gar verzehrte, indem ich "himmlische Zeichen", archetypische Siegel, darauf zeichnete. Unterdessen war Jakobea zu Füßen des leidenden Mädchens niedergekniet, um ihr so viel Lebenskraft wie möglich einzuhauchen. Innerlich, aber manchmal auch mit lauter Stimme, wiederholte ich die Worte meines tiefen Glaubens wie eine Litanei ... Es waren die Worte meiner Verbindung mit Ihm.

Dann, jenseits der Zeit, wurde alles luftiger und sanfter ... Eine unergründliche Seelenruhe erfasste mich. In meinem Herzen hatte ich den Meister wiedergefunden, Seinen liebevollen Blick, Seinen Atem, Seinen Duft, Sein Lächeln, das mir so sehr beistand ... Er begleitete mich und gab mir genaue Hinweise, sodass ich sogar das ihm eigene Schnalzen seiner Zunge hinter seinen Zähnen hörte ... Der Klang Seiner Stimme trug Licht in sich.

War Jeshua dort, bei uns, oder waren wir es, die "irgendwo" in einem anderen Raum bei Ihm waren? Ich wusste nicht mehr wirklich, was gerade geschah, mir war noch nicht einmal klar, ob die Hände, die sich auf Subronas Körper bewegten, noch meine oder Seine waren. Hastig begann ich innerlich immer wieder das Gebet zu rezitieren, das Er mir einmal geschenkt hatte und das mir selbst schon so sehr geholfen hatte:

"Herr, richte mich auf und gib mir die Kraft zu lächeln
- zum Regen ebenso wie zur Sonne. Führe mich dahin, wo
die Furchen der Erde mich stärken und dorthin, wo meine
Schritte von Deiner Gegenwart in mir zeugen.
Lehre mich das Lächeln, das zu jenen spricht, die Sturm
in sich tragen, ebenso wie zu denen, die weinen ..."[23]

Unendlich viele Klänge traten aus meinem Mund, und jeder von ihnen formte eine eigene Melodie und erzeugte einen weiteren Lebensimpuls ...

Woher kamen diese Klangbilder? Von mir, von Ihm? Die Musik des Heilens war überaus machtvoll geworden, sowohl durch meine Hände und mein Herz als auch durch ihre eigene lebendige Kraft. Olovico und Betua saßen andächtig bei uns, berührt von dem, was sie sahen, und hielten sich an den Händen. Auch Worte kamen ... Ich sprach Worte, dass der Ewige meine Bitte erhören möge. Ich, die es nie gewagt hatte, konnte es schließlich doch ... Fast rief ich sogar!

---

[23] S. Daniel Meurois: "Jesus' Jüngerinnen - Das geistige Erbe der drei Marien"; Silberschnur Verlag.

"Subrona! Subrona! Mögen die Sterne dich segnen! Möge Awoun dich segnen und möge alles vollendet werden. Trink die Sonne mit mir. So sei es!"

Es war einfach, weil es schön war, und schön, weil es einfach war, während ich meinen Atem im Rhythmus mit Dem des Meisters fühlte. Dann glaubte ich jäh, kurz das Bewusstsein zu verlieren ... und sah Subrona, wie sie über ihrem Körper schwebte und mir die Hand entgegenstreckte. Ich glaube, es war ein endloser Moment, in dem wir beide zu einer Reise aufbrachen, leicht und von unseren fleischlichen Körpern befreit.

Ich weiß, dass sie dorthin gingen, wo kein Schmerz mehr war, keine Krankheit, kein Fieber, keine Dichte ... Nichts anderes als die luftige Leichtigkeit einer *Nicht-Zeit* des Lichtes im Herzen des unendlich Subtilen.

In diesem bernsteinfarbenen Raum sah ich, wie Jeshua die Hand auf Subronas Kopf legte und ihr etwas ins Ohr flüsterte ... ihr Geheimnis.

Als ich wieder zu mir kam, befand ich mich noch immer an der Seite der jungen Kranken. Ihre Atmung schien friedlicher zu sein, ihr Fieber sank, und ihre Wangen waren leicht rosig getönt. Das Leben begann endlich wieder durch sie zu fließen. Wollte ich das nur glauben oder hatte Subrona sich wirklich entschieden, am Leben zu bleiben?

Im Schein der Öllampe fand ich Jakobea mit den Eltern des Mädchens in dem kleinen Zimmer liegen. Wie war all das für sie gewesen? Bestimmt waren sie alle erschöpft. Die Nacht schien jedenfalls schon vor Langem angebrochen zu sein.

Schließlich legte ich mich neben Subrona und legte einen Arm um ihren Körper. So verbrachten wir den Rest der Nacht, eingebettet in eine heilende Hülle.

Am frühen Morgen wisperte Subrona mit rauer Stimme meinen Namen:
"Shlomit, bist du es? Ich bin hier, es geht mir besser ... Schau, das Fieber ist fort."

Uns fehlten die Worte. Jakobea, Olovico, Betua und ich ließen einfach den Tränen der Erleichterung und Dankbarkeit freien Lauf, die über unsere Wangen strömten. Das Mädchen kam wieder zu Kräften. Wir wurden von Liebe überflutet, einer unermesslichen Liebe, und dankten Awoun, Jeshua und allen Antlitzen des Heiligen für ihren Segen. Schweigend und dankbar meditierten wir am Bett der noch geschwächten Kranken. Ein junges Leben erhob sich aus der Krankheit und setzte seinen Weg fort ...

Nach kleinen Ratschlägen an Betua, wie sie Subrona helfen konnte, sich wieder vollständig zu erholen, verließen wir ihre Hütte, dem Schauplatz einer Heilung, die uns weit überstieg.
Sofort begannen die Dorfbewohner uns anzustarren und zu befragen. Wir konnten ihnen nur antworten, was mit Worten auszudrücken war - dass es der Kleinen besser ging und ihre Eltern mit uns gebetet hatten.
Subronas Heilung machte schnell die Runde in den Hütten des Dorfes, beim Volk der Fischer, und unsere Gastgeber sahen uns noch seltsamer an. Wer waren wir, dass wir heilten,

wo ihre Heilerin gescheitert war? Jakobea und ich fühlten, wie sich immer mehr Fragen in ihnen auftürmten, die aber nicht so sehr von Misstrauen, sondern von Neugier geprägt waren. Und wer war überhaupt unser "großer Priester"? Wer hatte uns gelehrt, so mit unseren Händen zu heilen und vielleicht sogar noch "etwas anderes", das noch geheimnisvoller war?

In den folgenden Tagen stellten sich uns immer mehr Kranke vor mit immer drängenderen Anliegen, die sogar aus den Nachbardörfern herbeikamen.

Ich erinnere mich an einen Mann, der in einer Ansiedlung in der Nähe wohnte und von raugesichtigen Bauern, die niemand kannte, auf einer Art Trage zu uns gebracht wurde. Sie hatten uns vage erzählt, dass der Mann von Römern verwundet worden war, die ihm ein Schaf hatten wegnehmen wollen, um einen Trupp Soldaten zu verpflegen, und er sich gegen sie gewehrt hatte. Daraufhin hatte er einen Schlag mit einem Kurzschwert auf einen Oberschenkel davongetragen, und seitdem war die Entzündung immer schlimmer geworden. Bevor sie die Pritsche mit dem Mann in unserer Hütte abstellten, sagten sie noch, dass er Thurden hieß. Dann gingen sie fort.

Ich erinnere mich noch gut an den Tag ... Jakobea und ich waren ratlos, als wir sahen, wie schwer die Verletzung war. Das Bein eiterte, roch schlecht und begann schwarz zu werden. Der arme Mann war bewusstlos. Konnten wir da überhaupt noch etwas ausrichten? Noch nie hatten wir eine so fortgeschrittene Entzündung behandelt. Aber welche Wahl blieb uns schon? Wir fühlten uns vom Leben als

Geiseln genommen, als würden wir vor eine Herausforderung gestellt, um zu sehen, wie weit wir gehen konnten. Doch wir durften nicht in die Falle tappen. Oft hatte der Meister uns gemahnt, dass der Akt des Heilens niemals eine Herausforderung, sondern eine Lehre in Demut ist.

Nachdem wir Thurdens Wunde so gut wir konnten gewaschen und die von Jakobea zubereiteten Salben aufgetragen hatten, begann ich, bis zur Hüfte die "leuchtenden Flüsse"[24] seines entzündeten Beins zu reinigen. Dann, nachdem ich seiner "kleinen Sonne"[25] lange den Atem eingehaucht hatte, um seine körperlichen Kräfte zu stärken, schloss ich die offene Wunde mit einer sauberen Nadel und sauberem Leinengarn. Zur weiteren Reinigung des Beins legte Jakobea vorsichtig Bandagen darauf, die mit einem Thymianaufguss getränkt waren, und stellte so eine Art Wickel her, den sie regelmäßig wechseln würde. Danach legten wir ihm unsere Hände auf, vier Frauenhände, die im selben Herzenswunsch vereint waren.

Nun blieb uns nur noch zu beten und den Meister anzurufen, damit Er uns von dort, wo Er war, seine Hilfe zukommen ließ ... An der Seite des Verletzten sitzend lösten wir einander zwei Nächte und drei Tage lang ab.

Am dritten Morgen war sein Fieber gesunken, und seine Verletzung nässte nicht mehr und stank auch nicht mehr. Und dann begann Thurden die Augen zu öffnen ...

---

[24] Nadis
[25] Bezeichnung der Essener Ärzte für die Milz

"Wo bin ich?", stammelte er.

"Ich heiße Shlomit, und das ist Jakobea. Du wurdest von Männern zu uns gebracht, damit wir dich heilen. Dein Name ist Thurden, richtig? Vor drei Tagen warst du an der Grenze zum Tod, und seitdem sind wir an deiner Seite. Heute ist das Übel gewichen. Trink diesen Aufguss und iss etwas, um wieder zu Kräften zu kommen. Die Deinen werden dich dann wieder zurückbegleiten können."

Der Mann begriff nicht, was mit ihm geschehen war, er konnte nur stottern und sich nicht verständlich machen, aber ihm war bewusst, dass er gerade von einer langen Reise zurückgekehrt war.

Wir nickten ihm zu, bevor wir hinaustraten, um den anderen mitzuteilen, dass er schon bald vollständig geheilt sein würde. Einige glaubten an ein Wunder, aber was ist denn ein Wunder anderes, hatten wir gelernt, als ein Aufruf des Lebens an das *Leben*, an das Herabsteigen seines Mysteriums zu uns, Frucht des absoluten Glaubens an die Allmacht des Heiligen in Achtung vor dem, was sein soll.

Was uns beide betraf, so wollten wir nicht weiter darüber reden, wie wir die junge Subrona und nun Thurden behandelt hatten. Warum die Aufmerksamkeit auf etwas lenken, was uns nicht zustand? Unser Glück darüber, dass wir endlich hatten dienen können, wie unsere Herzen es verlangten, war uns genug.

Manchmal allerdings, und sogar, wenn man lieber un-auffällig bleibt, beschließt die Intelligenz des Lebens etwas anderes in Ihrem Plan für uns.

Und so kam eines Tages Olovico zu uns, um uns mitzu-teilen, dass in drei Tagen eine große Zusammenkunft im Dorf stattfinden würde und auch die Einwohner der umlie-genden Ortschaften dazu eingeladen waren. Es würde um uns und vor allem um Subronas Heilung gehen, *"weil es sein musste"*. Jeder wollte alles genau wissen. Aber für uns war die Frage eher, ob jeder auch verstehen wollte ...

Am besagten Tag fand sich schon früh eine große Schar am Strand bei den Stegen ein. Zahlreiche Gesichter kannten wir, sie waren nun Teil unserer neuen Familie und unseres Horizontes, andere sahen wir zum ersten Mal.

Merkwürdigerweise konnten wir nirgends Sarah entdecken. Dabei waren unsere Vorbehalte doch eigentlich ausgeräumt. Vielleicht war sie nach Vasio zum *Nemeton* zurückgekehrt, wo Belisama gehuldigt worden war. Sarah hatte schon immer nach ihrer "eigenen Rebellion" gehandelt, wie sie es nannte, sodass sie vielleicht Interesse daran hatte, mit den dortigen Druidinnen Rituale zu teilen. In ihrem tiefsten Wesen ähnelten einige davon den Ritualen, die ihr Volk praktizierte, womit sie nicht hinterm Berg gehalten hatte.

Sobald wir bei der Versammlung ankamen, die wir un-freiwillig einberufen hatten, fühlten Jakobea und ich uns und trotz der Schleier, die wir uns übers Gesicht gezogen hatten, mit unverhohlener Neugier angestarrt. Uns war mehr als unwohl dabei. In der erwartungsvollen Menge befand sich auch irgendwo die Heilerin, die eine Zeit lang an Subronas Krankenbett geweilt hatte.

Kurz darauf wurde uns bezeichnet, uns neben Olovico und Betua zu setzen. Subrona war bereits bei ihrer Mutter, sie war zwar noch geschwächt, aber sichtbar über den Berg und strahlte.

Die Heilerin stand nicht allzu weit von uns entfernt. Sie zog ein mürrisches Gesicht und blickte uns mit harten Augen an. Es war offensichtlich, dass sie es noch immer nicht zu schätzen wusste, dass wir das Mädchen behandelt hatten.

Aber was lässt sich schon gegen diesen Aussatz der Eifersucht ausrichten? Wir spürten deutlich, dass wir, was immer wir auch sagen mochten, für einige, wenn auch sehr wenige, nichts weiter als ewige Fremde in einem Gastgeberland waren. Wir würden "dasselbe Brot essen", das niemals wirklich unseres sein würde.

In seiner Rolle als Anführer unseres Dorfes begann Olovico nun feierlich vor allen über die unverhoffte Heilung seiner Tochter zu berichten. Unter anderem bekräftigte er, dass die Heilung seine Überzeugungen völlig durcheinandergebracht hatte und er gezwungen war anzuerkennen, dass es offensichtlich nicht nur eine Göttin gab, die Heilung schenkte, dass es noch andere Mächte geben musste und sie vielleicht alle verbündet waren oder einander ergänzten und schließlich, dass sie einander vielleicht dort in seinem Dorf begegnet waren, zum Besten aller, wie ein Segen für alle.

Fast überall in der Menge war protestierendes Murren zu hören, Einwohner der benachbarten Ortschaften wollte ihn zur Vernunft gemahnen und an Belisama erinnern. Olovico war einfach zu schnell.

Ach, wie gerne wäre ich woanders gewesen!

Nun war Betua an der Reihe, erhob sich und bat mit einer Handgeste um Ruhe. Auch sie hatte ihre Autorität und ihren Teil zu sagen! Ihr lag daran, allen die Geschichte der großen Priesterin Belisama in Erinnerung zu rufen, die schon vor langer Zeit die Ankunft von *Priesterfrauen* geweissagt hatte, die nicht ihre Sprache sprachen und einen geheimnisvollen Blick besaßen, und sie sagte, dass sie diesen Blick in Jakobea und mir erkannt hatte.

Wenn also, rief sie mit lauter Stimme, die große Priesterin selbst unsere Ankunft angekündigt hatte, wer waren sie dann, ihre Visionen abzustreiten? Für sie und Olovico bestand kein Zweifel mehr. Belisama hatte uns "mit dem Einverständnis der anderen Götter" zu ihnen geschickt.

Beunruhigter denn je über die Auseinandersetzungen um unsere Personen erinnerte ich mich daran, dass Meister Jeshua mir einmal in einem Traum klar bedeutet hatte zu teilen, was ich empfangen hatte, und es dem zu schenken, der sein Herz dafür öffnete. Ihm zufolge konnte ich mich nicht mehr länger hinter den anderen verstecken und sollte selbst *den* Atem lehren ...

Warum sollte ich dem nicht endlich ins Gesicht sehen? Denn genau dafür und durch Ihn hatte ich ja beschlossen, auf eines der Boote zu gehen, um von unserem Land abzulegen und hier anzukommen. Was Joseph zufolge für uns, für mich, "besser zu tun oder nicht zu tun" war, war mir inzwischen egal, denn es gab noch etwas anderes, und die Stunde rückte näher ...

Auf meine Weise war auch ich eine Rebellin, und Jeshua würde immer der Einzige sein, der zu meinem innersten Herzen sprach. Ja, so war es, ich war nicht in See gestochen, um mich vor den Römern in Sicherheit zu bringen, denn sie waren ja ohnehin überall, sondern weil mich das Leben nur noch deswegen interessierte, um *Dem* zu dienen, das in Ihm wohnte. *Dem* dienen, das hatte Er mir immer wieder gesagt, würde ich durch meine Hände ... Und tatsächlich schienen meine Hände jetzt zu wissen, was die Kraft zu lieben ist!

Ich war eingeladen worden, meine Ängste zu überwinden, mit der Willenskraft einer Frau, die in die Liebe verliebt war, und mit dem Impuls der lehrenden Zuwendung, die einen Kelch aus mir gemacht hatte. Ist ein Kelch nicht dafür gemacht, sich zu ergießen? Zu tränken? Zu nähren? Nein, ich konnte mich nicht länger zurückhalten, ich musste es wagen zu sprechen.

Langsam erhob ich mich, während ich mir den nachtblauen Schleier vom Gesicht zog. Niemand sollte sagen, dass ich furchtsam davor kuschte zu sein, wer ich war.

"Hört alle her, meine Freunde, die ihr uns so herzlich aufgenommen habt! Meine Schwester und ich wollten nie zur Schau stellen, wie wir leben und wie wir die Mysterien der Heilung verstehen. Unser Meister, unser Lehrer in jenem fernen Land, aus dem wir kommen, hat mich einst gelehrt, dass ich Hände erhalten habe, um zu heilen, denn es kommt vor, dass einige mit einer Gabe geboren werden. Können wir nein zu einer Gabe sagen?

Warum hätte ich, als ich mit meinen Gefährten hier anlegte, mich weigern sollen, Bedürftigen und Leidenden zu helfen? Soll ich mich taub stellen, wenn ich gerufen werde? Mein ganzes Leben ist dem Zuhören und Antworten gewidmet. Ich bin nur eine Fremde, aber hätte ich, hätten wir Subrona an ihrem Fieber sterben lassen sollen? Nein zu ihren verzweifelten Eltern sagen sollen?

Glaubt mir, manchmal werden uns unglaubliche Tore geöffnet, durch die wir mutig gehen müssen, ohne allzu sehr nachzudenken. Wir müssen wagemutig sein. Wozu ist denn sonst das Leben gut, sagt es mir, wenn wir ständig *Das* verleugnen müssen, weswegen wir auf die Welt gekommen sind?

Ich bin eine einfache Frau, der ihr Lehrer Jeshua eines Tages verkündet hat, dass sie den Lebensstrom nähren sollte und ihr dafür im richtigen Moment ein Zeichen gegeben würde. Und dass sie immer auf Zeichen hören sollte.

Für das, was ich heute 'meine Kunst zu heilen' nenne, die auch die Kunst meiner Schwester hier ist, braucht es keine Gegenstände, nur das Gebet leitet an. Darin lade ich Jeshua ein, zu mir zu kommen, und Er hilft mir dann, die Hände dort aufzulegen, wo der Schmerz sitzt. Ich bitte auch seinen Vater, *unser* aller Vater, Awoun, mir zuzuhören, aber nach Seinem Willen zu handeln.

Und dann trete ich von jedem Wunsch zurück, mein Herz und meine Hände sind miteinander verbunden, und ich lasse die Lebenskraft wirken, den weißen Atem, den Geist vollkommener Gesundheit, der ursprünglichen Gesundheit, die in alle lebenden Körper eingeschrieben ist. Deshalb muss ich mit dem Kranken eine Art sehr subtile innerliche Ehe eingehen. Es ist eine reine Vereinigung, entstanden aus der Erinnerung an die ursprüngliche Vollkommenheit der Lebenswelle. Dies ist mein, unser, einziges Werkzeug, und es ist imstande, vollständige Heilung herbeizuführen, falls sie sein soll.

Darauf zu warten, dass die Hände den ersten Ursprung des Übels erkennen, und dann den geheimen Zugang dazu finden ... Seht ihr, es ist ein Zugangsweg, wie ein Schlüssel, der sich in einem Schloss dreht, das rostig von altem, für den Körper giftigen Ballast ist. Wenn ich diesen Schlüssel drehe, werden mir die Antworten und Ausflüchte des Leidens oder der Krankheit ins Ohr geflüstert.

Und dann? Der, den ich Jeshua nenne, hat mich gelehrt, in Liebe die Triebkräfte dieses subtilen Feuers zu entfachen, das den Körper leben lässt, denn in ihnen setzt sich oft das Gift der Überzeugungen und Ängste fest, die das Übel erst haben entstehen lassen.

Das Übel, meine Freunde, entspringt Verletzungen, die zu lange unterdrückt wurden. Solche Verletzungen wollen nur anerkannt, respektiert, angehört, verziehen und geliebt werden, dann vergehen sie. Die Gesundheit kehrt zurück, wenn alles angehört und verziehen wurde. So hat Jeshua uns gelehrt zu heilen."

Die Zuhörer schienen zutiefst erstaunt über diese Worte. So wie Jakobea mich ansah, schien es ihr genauso zu gehen. Ich, die stets Schweigsame, hatte ihnen unvermittelt "eine andere Magie erzählt" als ihre eigene. Reglos blieb ich stehen, drehte mich langsam einmal um mich selbst und war bereit zu antworten, aber wünschte mir gleichzeitig, dass damit alles gesagt war.

Eine Frau stand auf, das Gesicht wutverzerrt. Es war Coria, und sie erhob laut ihre Stimme.

"Wer bist du, Hexerin? Du unterstehst dich, uns zu sagen, wie wir zu heilen haben, uns, die dich beherbergt haben, dich und deine Komplizin? Sagst du etwa, dass meine Medizin, unsere Medizin, nicht gut ist?"

"Habe ich das gesagt? Ich habe gesagt, dass die Lebensmacht meine Hände gewählt hat, um Subrona zu heilen. Vielleicht hat ja auch Belisama so entschieden.

Gehören dir dieses Dorf und seine Seelen, Coria? Warum kannst du nicht verstehen, dass der Atem der Heilung allumfassend ist und sich vielleicht einige Seelen aus unerfindlichen Gründen bestimmten Händen mehr anvertrauen als anderen?

Hast du vorhin Betuas Worte gehört? Siehst du nicht ein Zeichen darin, eine Tür, die du öffnen sollst? Zorn macht oftmals blind und taub. Er bringt niemals etwas Gutes, denn er spricht die Sprache der Eifersucht.

Ich will dir nichts wegnehmen! Auch meine Schwester nicht, und wir werden immer nur denen antworten, die uns um Hilfe bitten."

Ich stand mit zitternden Beinen da, als Subrona sich erhob und einen Arm um meine Taille legte.

"Hört zu ... Ihr wisst es alle ... Ich war sehr krank und glaube sogar, dass ich heute nicht mehr hier sein würde, wenn Shlomit und Jakobea nicht für mich da gewesen wären. Ich erinnere mich, dass ich bewusstlos wurde, bevor ich meinen fiebrigen, schwer kranken Körper verließ. Könnt ihr mir glauben?

Ich sah diesen Körper in unserer Hütte liegen. Ich sah auch diese Frauen um mich herum, aber Shlomit hat mich direkt bemerkt. Ich weiß nicht, welche von uns die andere aufgesucht hat, aber wir waren beide sofort an einem Ort, den ich nicht kannte. Dort war ein großes, weites Gewässer, umgeben von Schilf, ein bisschen wie hier. Es war dort ruhig und angenehm, der Himmel war blau, und durch unser Haar wehte ein sanfter Wind, warm wie eine Liebkosung. Ich glaubte, tot zu sein ... Aber genau in diesem Augenblick sah ich Ihn, Den sie Jeshua nennt.

Er war sehr groß und weiß gekleidet, sodass ich glaubte, er sei ein Geist oder ein Gott. Er lächelte mich an und kam auf mich zu. Er blickte mir tief in die Augen und berührte mit einer Hand leicht meine Stirn, während er sein Gesicht darüber neigte. Ich werde diesen Moment niemals, niemals vergessen, und auch nicht, was Er mir ins Ohr flüsterte.

Was ich euch sagen kann, ist, dass ich jetzt an Ihn glaube und Shlomit euch die Wahrheit gesagt hat. Ich bin hier dank Ihm und auch dank ihr und Jakobea. Aber das hindert mich nicht daran, weiter zu glauben, dass alle Heilerinnen ihr Wissen teilen sollten, statt sich anzufeinden, wie du es tust, Coria.

Ist Behandeln und Heilen das alleinige Eigentum einer Priesterin, eines Meisters oder einer Frau?

Ich bin nur ein junges Mädchen, aber von jetzt an werde ich da sein, um Shlomit zu verteidigen, weil ich ihre Medizin 'von innen' erlebt habe. Ich war in einer tiefen, finsteren Nacht versunken und glaubte, für immer darin bleiben zu müssen, bis ich ihre ausgestreckte Hand sah ..."

Subrona unterdrückte ein Schluchzen, sah mich an und fügte mit lauter Stimme hinzu:

"Wenn du mich willst, Shlomit, werde ich deine erste Schülerin sein. Zeige mir, wie man heilt ... Zeige mir, wie Verletzungen zu lesen und zu lindern sind.

Vater, Mutter, ich weise unseren Kult nicht zurück, ich öffne mich allen Farben und Düften. Es gibt nie zu viele Hände, um zu helfen."

"Was für ein Atem? Was soll diese Geschichte mit dem Atem? Wir haben die Macht Belisamas weiterzugeben, es sind die richtigen Handgriffe zu tun und Formeln zu rezitieren, und ihr habt irgendeinen Atem gespürt?", rief Coria zornig und eilte davon.

Erneut trat großes Schweigen ein, und bevor sie sich zerstreuten, als wäre ein Wind aufgekommen, kamen alle oder fast alle zur jungen Subrona, um sie zu umarmen.

Was mich betraf, so wurde ich von meinen Gefühlen erdrückt. Ich trat beiseite, entfernte mich von der Gruppe und ließ sogar Jakobea dort zurück.

Ich brauchte Stille und Bewegung ... Nicht weit entfernt lag ein Sumpfgebiet, das ich mehr als alle anderen liebte ...

8. Kapitel

Zusammenführerinnen

Unter den Teichen, die neben dem Meer die Haupt-
kulisse unseres Dorfes bildeten, gab es einen, den
ich besonders mochte. Nicht weil er schöner war als die anderen, sondern weil man schwieriger zu ihm gelangen konnte
und deshalb die Frösche dort zahlreicher waren.

Ich liebte es, mich bei Sonnenuntergang allein dorthin
zurückzuziehen, um ihren Gesängen zu lauschen. An diesen
Ort wollte ich gehen, als ich mich unauffällig aus der von
Olovico und Betua anberaumten Versammlung schlich.

Der kaum vorhandene Pfad dorthin war schmal und
matschig, ab und zu von Gehölz unterbrochen, das vom
Salzwasser teilweise zerfressen war. Noch mehr als sonst
musste ich diesmal an den Moment denken, als mich Jeshua
begleitet von Johannes am Ufer des Jordans kauernd überrascht hatte, etwas oberhalb des Sees von Tiberias.

Auch dort lebte ein ganzes Volk von Fröschen zwischen
den Kieselsteinen, Binsen und Wasserpflanzen.

Für einen Moment schämte ich mich, dort so entdeckt zu werden, verträumt und untätig, obwohl der Alltag für jeden genug Aufgaben bereithielt. Seinem Naturell entsprechend hatte Johannes sich zurückgezogen und ließ den Meister zu mir treten.

"Vergib mir", sagte ich zu ihm, "ich sollte hier nicht so herumlungern."

"Es stimmt, dass es immer viel zu tun gibt", antwortete Er, "aber es gibt auch viel zu 'sein'. Und ist 'sein' nicht genau das, was du gerade 'tust', indem du mit den Fröschen sprichst?"

"Oh, leider weiß ich nicht mit ihnen zu sprechen ..."

"Glaubst du wirklich? Der Ewige hat dafür gesorgt, dass irgendwo im Unsichtbaren seiner Wohnstätten ein Geist und ein Herz existiert, von dem ein Stückchen in jedem Frosch der Welt lebt ... wie übrigens in allem, was ist. Also, ja, 'etwas' von ihnen kann dich hören, weil du mit dem Licht deiner eigenen Transparenz sprichst. Das Licht hat seine eigenen Worte, verstehst du?"

Ja, ich hatte verstanden, und es war die Erinnerung an diese wenigen Worte, die mich immer wieder an diesen Ort führte, den ich innerlich "Jeshuas Teich" nannte.
Jeshua ... Endlich hatte ich es gewagt, vor allen seinen Namen klar auszusprechen! Dann fühlte ich mich also vielleicht endlich imstande, von der Quelle zu sprechen, deren

Wasser aus meinen, unseren Händen floss ... Jetzt, da der Name heraus war, konnte der Atem endlich Unterweisung werden, und man würde mir zuhören, weil ich völlig absichtslos gewesen war.

Ich setzte mich ans Wasser und wartete ... Zwischen Schilf und Gräsern wimmelte es von *meinen* Fröschen. Es war nicht die Zeit, in der sie sangen, aber wie gewohnt sprang einer von ihnen auf meinen Fuß, der das Wasser berührte. So blieb ich lange sitzen, bis ich das Gefühl hatte, selbst dieser Frosch zu sein, denn ich verstand ihn innerlich ... wie wenn ich mit dem Heilen begann.

Mitgefühl machte den Unterschied aus zwischen dem, was Jeshua uns gelehrt, eingehaucht hatte, und dem, was wir von den Vorgehensweisen der Heilerin unseres Dorfes gesehen hatten. Ja, Handgriffe waren eines, auch Wissen ... aber das Geheimnis lag darin, in Einheit mit dem Leidenden zu lieben!

Und ja, ich hatte Mitgefühl mit dem Frosch empfunden, er hatte die Stimme meines Herzens gehört und vielleicht für einige Augenblicke etwas Heilendes von mir empfangen, ohne dass ich es selbst bemerkte. Zu lieben heißt bereits zu heilen ...

Besser denn je begriff ich, dass alles in der Natur lebte, nicht nur, weil es aß, atmete, sich rührte oder alle möglichen Geräusche machte, sondern, weil "es" fühlte. Natürlich hatte der Meister uns diese Wahrheit gelehrt, wir hatten Ihn auch gehört und Ihm geglaubt ... aber es brauchte eine Art inneres Wunder, um nicht mehr nur "einfach einverstanden" damit zu sein.

Gerade hatte mein Frosch mir vom Atem erzählt und mich daran erinnert, dass hinter dem Vielfachen immer das Eine ist.

Awoun ist auf Seine Art ein bisschen listig ... Er verbirgt sich überall ... Überall!

Der Gedanke bereitete mir Freude, weil in mir zum ersten Mal wahre Hoffnung aufkeimte ... Die Hoffnung, endlich das Geheimnis teilen zu können, das ich in meinem tiefsten Inneren hütete. Was Jeshua uns in unserem Land gelehrt hatte, war nicht für uns allein bestimmt, sondern musste geteilt werden, und so würde es sein.

Schließlich begann ich, auf einen Raum des Verstehens unter unseren Gastgebern zu hoffen, ohne ihre Überzeugungen zu erschüttern oder eine Kluft zwischen ihrem und unserem Glauben zu schaffen.

Um ihnen zu erklären, dass weder Jakobea noch ich noch Jeshua gegen ihre Ordnung der Dinge waren und wir niemals in Unbeweglichkeit verharren durften, sondern vorwärtsgehen und uns innerlich erweitern mussten, zum Besten von uns allen ...

Zu lernen zu lieben und mitzufühlen, war das nicht die Essenz Seiner Lehre? Ein noch viel mächtigerer Atem keimte in meiner Brust auf, den ich nicht mehr zum Schweigen bringen konnte. Ich wollte nicht mehr die Zurückhaltende sein. Ich wollte lieben, ohne mich zu verstecken, und meinen Dienst tun. Nicht für Trennung eintreten, sondern für Vereinigung im Dienste des Atems.

Der Tag brach an, und es war Zeit für mich, zu Jakobea und den Dorfbewohnern zurückzukehren.

Als ich Jakobea wiederfand, war sie noch immer mit ihnen im Gespräch. Wie so oft hatte ich das Gefühl, dass sie bessere Worte zu finden wusste als ich, auch wenn meine zwar seltener fielen, aber es dennoch irgendwann schafften, meine inneren Grenzen zu überwinden, wenn es notwendig war.

Als ich mich ihr unmerklich näherte, hörte ich sie mehrmals leichthin Jeshuas Namen aussprechen und begriff, dass er völlig befreit in ihr war ... vielleicht zu sehr, dachte ich. Es war nicht klug von ihr, so schnell davon in diesem Land zu reden, das nichts von uns wusste, zumal Coria uns so vehement abgelehnt hatte. Aber so war Jakobea, geschwätzig und manchmal ein bisschen unvorhersehbar aus Leichtsinnigkeit.

Mit ihrer lauten Stimme und offenkundiger Freude erzählte sie kleine Geschichten über unseren Alltag mit dem Meister, Erzählungen, die hinterfragten, manchmal auch amüsant waren und von der ganzen Kraft sprachen, die Er an uns weitergegeben hatte. Aber war dies wirklich der Moment, alles auf einmal "auszuschütten"? War das alles nicht zu viel und zu schnell, direkt nach der Versammlung mit den Dorfbewohnern, bei der es um unsere Art zu heilen gegangen war? Ich wusste es nicht. Ich hatte Zweifel.

Vielleicht lag es an meiner hohen Empfindsamkeit. Jakobea hatte die natürliche Gabe, über Einfachheit zu sprechen, aber auch über die Macht, die uns berührt hatte. Ihre Worte waren die perfekte Ergänzung meiner Hände, aber jetzt fand ich sie verfrüht und übereilt, an der Grenze zur Provokation.

Als sie mich kommen sah, schien sie überrascht und dann erleichtert. Vielleicht glaubte sie, dass ich die Flucht ergriffen hatte? Ganz falsch lag sie damit nicht ...

Sie nutzte die Gelegenheit, um sich von den Fragen abzuwenden, die ihr vor allem von den Kindern gestellt wurden, deren Eltern etwas zurückhaltender und nachdenklicher waren.

"Du hast mich im Stich gelassen ...", sagte sie in dem ihr eigenen leicht trockenen Tonfall. "Hände und Heilungen sind schön und gut, aber der Meister hat auch von den kleinen Dingen des Alltags gesprochen, das darf man nicht vergessen. Er hat durch Geschichten gelehrt und uns tausend davon an seiner Seite erleben lassen. Wo bist du denn gewesen? Alle hier wollen endlich verstehen, und dann gehst du einfach ..."

Jakobeas Bemerkungen bestürzten mich. Kannte sie mich nach so vielen Jahren denn wirklich so wenig?

"Hörst du eigentlich selbst, was aus deinem Mund kommt, Jakobea? Hast du die Kontrolle darüber, was du mir alles sagst? Warum machst du mir Vorwürfe, sie wirken ja schon fast wie Angriffe? Bist du die Einzige, die verstanden hat, was zu tun und zu lassen ist? Du übertreibst, und ich mag es nicht, wenn du so bist. Dich im Stich lassen? Aber habe ich nicht auch gesprochen, meine Schwester? Hast du das denn schon wieder vergessen?"

Doch noch während ich Jakobea das entgegnete, die mich mit ihren Worten tief getroffen hatte, wurde mir bewusst, dass "sprechen" nicht immer "sprechen" war. Ich hatte geredet, argumentiert, meine Zurückhaltung überwunden, aber es vielleicht bei all dem nicht geschafft, Freude freizusetzen. Genau das hatte sie mir sicherlich sagen wollen, ohne es selbst wirklich zu verstehen.

"Jakobea, hör mir zu ... Ich weiß, es ist mir immer schwergefallen, Freude zu zeigen, zu äußern, aber so bin ich nun mal. Glaubst du denn nicht, dass Freude auf unterschiedliche Arten 'ist' ... Sie zeigt sich nicht nur in einem Lächeln, im Überschwang oder in Geschichten im kleinen Kreis. Sie findet sich auch in stiller Zuneigung. So bringe ich sie gerne zum Ausdruck.

Dir zufolge bin ich also dem Atem nicht genug zu Diensten, weil ich nicht noch mehr spreche, als ich es eben kann? Ich bin also zu distanziert, zu ernst? Du hast mir wehgetan ... Jede von uns hat ihre Persönlichkeit, Bürden und Unzulänglichkeiten. Aber du kennst meine Nöte. Glaubst du, ich sehe nicht, wie viel leichter du dich in diesem Exil fernab von Ihm, den Unsrigen, unserer Heimat anpasst? Ich langweile mich, meine Schwester! Ich langweile mich ...

Nur Jeshua wusste eine unglaubliche Sonne in mir zum Leuchten zu bringen. Jetzt erscheint mir von ein paar seltenen Momenten abgesehen alles fade ohne Seinen Weg, Seine Gegenwart. Du wirst mir antworten, dass Wehmut nicht gut für die Seele ist, und gewiss ist das auch so, aber wenn man so nah an diesem Licht gewesen ist, wie soll man dann in diesem unbekannten Land leben, inmitten von Sümpfen, mit diesen Einwohnern, und es dann auch noch schaffen, Freude zu empfinden? Ich habe alles für Ihn aufgegeben ... aber nicht dafür, hier zu sein.

Und noch eins, um dir alles zu sagen, es ist nicht nur Wehmut, warum ich nicht lächeln kann. Eine Erinnerung verfolgt mich und will einfach nicht von mir ablassen. Es ist die Erinnerung an die Verletzungen in meiner Jugend. Du kennst sie ein wenig, sehr wenig ... Ich wollte davon gesunden, und in Jeshuas Nähe fiel mir das auch leicht. Aber jetzt ...

Ja, ich habe entschieden zu heilen und gebe dafür alles, was ich kann, während andere schon mit einem Lächeln auf den Lippen geboren wurden! Meine Hände und wie Er mich gelehrt hat, sie zu nutzen, sind ALLES, was ich noch habe ...

Aber du weißt, Jakobea, dass der Meister mein Schweigen schätzte. Das war eines der Dinge, die Ihm an mir gefielen, meine Verschwiegenheit."

Während mir Tränen über das Gesicht strömten, blieb Jakobea stumm. Sie wusste, dass sie mit ihrem Temperament zu weit gegangen war, denn es war ein Leichtes, das kleine Tier zu verletzen, das ich nicht aufhören konnte zu sein.

Von Weinen unterbrochen sprach ich weiter. Zu lange hatte sich zu viel Schmerz in mir aufgestaut, was mich seltsam redselig machte.

"Jakobea, manchmal lehrt das Handeln ganz allein und sagt mehr als wortgewandte Zungen. Der Meister, das weißt auch du, hatte die Macht des Wortes. Diese Meisterschaft besitze ich nicht! Verlange nicht von mir, etwas zu tragen, was ich nicht tragen kann. Ich werde niemals Masken tragen oder eine Rolle spielen, die mich übersteigt.

Meine Gabe ist still, denn auch die Stille ist eine Gabe und reicht weiter, als man meint. Jede von uns hat ihre Stärken, Jakobea. Heitere Geschichten sind mir noch nie leicht über die Lippen gekommen. Sie haben immer falsch geklungen, wenn ich mich dazu gezwungen habe. Und glaube mir, das heißt nicht, dass mein Atem deshalb die Freude Awouns nicht kennt.

Ja, ich weiß ... Freude, die ist wie deine, zerstreut zu viel Ernsthaftigkeit und macht das Heilige 'liebenswerter' über die Anbetung hinaus, zu der es inspiriert. Und außerdem verscheucht sie die Befürchtung, sich selbst zu ernst zu nehmen.

'Das Göttliche und das Heilige können nicht ohne Freude verbreitet werden', hat Joseph einmal sehr zu Recht mit ernster Stimme in Anlehnung an den Meister gesagt. Du erinnerst dich daran. Aber wer kann denn sagen, dass ich keine Freude empfinde und mein Herz nicht lächelt, wenn ich mit meinen Händen behandle und heile? Wer kann denn sagen, dass meiner Seele keine Freude entspringt, die mich übersteigt, deren Geheimnis ich nicht kenne und die in die Freude derer mit einstimmt, die ich heile?

Ich muss ich selbst werden können. Ich bitte dich, meine Schwester, verlange nicht von mir, mich darin zu fügen, wie du bist. Freude ist nicht nur in lehrreichen Geschichten und einem Lächeln, das die Zuhörer beeindruckt. Sie ist all das, aber auch etwas anderes.

Du hast mir einmal gesagt, dass Sarahs Gesänge und Rituale dich verärgern. Mich stören zu viele Worte.

Aber du hast recht, das Göttliche und das Heilige sind in jedem Fall freudvoll, und so müssen sie auch verbreitet werden. Freude führt zusammen. Man darf nicht vergessen, dass sie mit ihrem einfachen Strahlen eine heilende Macht ist. Ich verlange von dir nur eines: Lass mich so sein, wie die Freude mich beseelt. Meine Freude ist im Handeln und im Dienst, sie ist stumm, aber sie strahlt.

Als du mich fragtest, wo ich gewesen bin, hätte ich dir deshalb auch einfach antworten können: '*Wo kein menschlicher Lärm ist.*'"

Jakobea und ich fielen uns in die Arme.

"Freude darf keine Last sein", murmelte ich ihr ins Ohr, "nehmen wir sie also so, wie sie jeweils für uns ist ..."

Und meine Schwester antwortete: "Shlomit, wirst du mich eines Tages an deinen Ort der Stille führen?"

Wie konnte ich ihr diese Bitte abschlagen?

Am Tag darauf, als im Dorf immer noch Aufregung nach den Gesprächen herrschte, führte ich sie auf den schmalen Pfad, der sich durch die Sümpfe schlängelte. Es war etwas weiter entfernt, man musste eine Weile gehen, und durch den schwankenden Wasserstand und das Spiel des Tageslichts konnte sogar ich mich leicht darin verlaufen. Weder Jakobea noch ich sprachen.

Doch dann, etwa auf der Hälfte der Strecke, begann ein seltsames Phänomen einzusetzen. Je weiter wir langsam und vorsichtig vorankamen, umso mehr hatte ich das Gefühl, dass wir in eine Art Nebel gerieten, der sogar das Geräusch unserer Schritte in den Wasserpfützen erstickte und uns von der Welt abschirmte.

"Ist das hier immer so?", fragte Jakobea hinter mir. "Man hört ja gar nichts mehr ... Ich bekomme schon fast Angst."

Ich wusste nicht, was ich ihr antworten sollte, auch wenn mir die Atmosphäre, die uns einhüllte, durchaus gefiel. Ich hatte schon immer das Mysterium der schemenhaften Bilder geliebt, die die Natur uns manchmal schenkte. Es beförderte mich in eine andere Atmung jenseits der Zeit ...

Plötzlich glaubte ich, eine Gestalt zu erkennen, die auf uns zukam, allem Anschein nach ein großer, aufrecht gehender Mann. Auch Jakobea hatte ihn bemerkt. Wir blieben stehen. Ich fühlte die Hand meiner Seelenschwester meinen Arm ergreifen und sehr fest drücken. Es war Jeshua, der entschlossenen Schrittes auf uns zuging, wie wir es von Ihm kannten. Er war es wirklich ... Welchen Zweifel konnte es daran geben?

Jakobea und ich knieten auf dem sandigen, feuchten Lehmboden nieder. Es war das Einzige, was infrage kam.

"Erhebt euch beide ... Heute möchte ich mit Frauen sprechen, nicht mit zwei kleinen Fröschen, die sich gerade gezankt haben ..."

Der Meister stand ein paar Schritte vor uns, und es war nichts als Zärtlichkeit in den wenigen Worten, die Er gesprochen hatte. Vielleicht auch noch ein bisschen Neckerei.

Ich glaube, wir brauchten einen Moment, um wieder aufzustehen. Alles schien so unwirklich, dass wir wie gelähmt waren.

"Nun, erhebt euch ... Die Vögel am Himmel singen nicht alle gleich, und doch fliegen sie! Hat der Himmel eine Vorliebe für den Falken oder die Taube? Es sind ihre Herzen, die Awoun sieht und beachtet, nichts anderes, auch wenn sich alle überlagern können. Und so wohnt die Sprache, die uns der Ewige schenkt, auf vielfältige Weise in uns: Klang ist Licht, Licht ist Atem, und Atem kann zu Geste oder Wort werden ... Geste und Wort.

Ich sage euch: Welch unnütze Fragen in euren Köpfen sind! Geht doch hinab in euer Herz! Heilt, lehrt ... Nennt es, wie ihr wollt, aber findet endlich euren wahren Platz, ohne zu fürchten, meinen Namen auszusprechen. Nicht um meines Namens willen, denn in ihm verbergen sich viele andere, sondern, weil er da ist, um zu einen. Und vergesst nicht: Weder durch euch und noch durch jemand anderen hat dieser Name irgendetwas zu erobern. Er ist Zusammenführen inmitten von Zerstreuung. Seid also Zusammenführerinnen, kleine Frauen."

Nicht für einen Moment wagte ich es, Jeshua ins Gesicht zu sehen, während Er diese Worte sprach. Ich schämte mich, glaube ich … Auch wenn seine Worte liebevoll waren, so fühlte ich mich doch wie eine Seele, die Ihn enttäuscht hatte. Ich fühlte mich schnell schuldig und glaubte immer, versagt zu haben, wo man meiner Meinung nach immer mehr von mir erwartete. Zumindest empfand ich es so … Es war eine Bürde, die ich schon lange mit mir herumtrug … Selbstvertrauen zu finden.

Während meine Hand auf meine Brust gewandert war, tat mir mein Herz weh, und mein Blick konnte sich nur auf die Füße des Meisters richten, wo seine Wundmale sich noch erahnen ließen.

Dann schloss ich kurz die Augen … Mein Herz schlug mir bis zum Hals. Danach war dort nichts mehr, niemand mehr vor mir, vor uns, und der Nebel hatte sich aufgelöst. Ich richtete mich mühsam auf und wandte mich um …

Jakobea sah blass aus, und bei mir war es wohl nicht anders. Spontan nahmen wir uns an der Hand, noch völlig sprachlos vom leibhaftigen Atem dieser Unterweisung, von Seinem Ansporn und Seiner Freundlichkeit.

Der Teich lag direkt vor uns, nur ein paar Schritte hinterm Schilf ... Wir blieben dort bis zum Sonnenuntergang, wechselten nur ein paar kurze Sätze, außerstande zu erklären, was wirklich geschehen war. Waren wir etwa "drüben" gewesen? Waren unsere Seelen in eine andere Zeit ans Ufer "unseres" Sees in Bethsaida getragen worden? Oder dieses anderen Sees, von dem Jeshua uns manchmal gesagt hatte, dass er ihn sehr liebte, im *Land der hohen Gipfel*?

Dieser Tag änderte alles. Sein zentrales Ereignis bewirkte, dass Jakobea und ich von nun an überallhin gingen, wo Hilfe gebraucht wurde, wo beruhigende und zusammenführende Worte nötig waren und wo Leid war. Oft folgten uns die Kinder und ein paar junge Heranwachsende, deren Eltern sie gewähren ließen, da die meisten sahen, dass Jeshua und Belisama sich in uns "die Hand reichen" konnten. Wir knüpften Bande ...

Jakobea und ich gingen also glücklich von Dorf zu Dorf, um zu heilen, und unsere Kräfte vervielfachten sich dadurch. Ja, Jeshua hatte es uns bereits gesagt, aber nun konnten wir es auch selbst aufrichtig und demütig feststellen ...

Wir hatten die Gabe zu heilen irgendwo in uns, auch wenn wir sie unbeachtet ließen.

Immer mehr Menschen in unserem Dorf befragten uns zu "unserem Gott Jeshua". Also luden Jakobea und ich sie oft zu einem Feuer am Strand ein, um ihnen "von unserem Meister zu erzählen". Gemeinsam holten wir einfach unsere Erinnerungen hervor, manchmal unter Tränen, aber viel öfter noch mit unbändiger Freude, sogar bei mir. Wir lehrten, ohne es wirklich zu wissen, und vor allem, ohne jemals irgendjemanden überzeugen zu wollen.

Zahlreiche Monde vergingen so in unserem Leben der Darbringung. Die Jahreszeiten und die Zeit bedeuteten uns wenig ... Seit dem Fortgang des Meisters hatten wir endgültig aufgehört, sie zu zählen.

Jakobea war um die 15 Jahre älter als ich. Ich sah, wie ihr rundes Gesicht ein wenig dahinwelkte und ihr Haar an mehreren Stellen weiß wurde ... Was mich betraf, so genügte mir ein Blick auf meine Hände, um zu sehen, wie die Jahre sie gezeichnet hatten, auch wenn mein Haar noch immer genauso braun war. Wie lange noch?

Subrona begleitete uns, wann immer sie konnte, wenn wir umherzogen, um zu heilen. Manchmal nahm sie auch noch ein paar andere Mädchen aus dem Dorf mit, um zu lernen, erkrankten Körpern Hände und Herz zugleich aufzulegen. Wir spürten, dass sie nach uns alles fortführen, *die* Botschaft weitertragen und Wunden verbinden würde. Auch sie hatte *die* Gabe, und ich war mir sicher, dass der Meister sie ihr an dem Tag offenbart hatte, als sie das Land der Toten mit mir durchschritten hatte, um wieder daraus zurückzukehren ...

Ja, Subrona und wahrscheinlich auch einige ihrer Freundinnen würden die "Saat des Geistes Jeshuas" werden, wenn wir einmal nicht mehr auf dieser Welt sein würden.

Und dann eines Morgens wurden wir von der Ankunft eines Mannes überrascht, der aus einer Ansiedlung aus der

Umgebung zu uns kam. Auf einem Wagen beförderte er einen ziemlich großen, flachen Stein. Ich erinnere mich, wie er von Freudenschreien der Kinder und Jubelrufen der Dorfbewohner begrüßt wurde.

Zu unserem Erstaunen war ein Abbild hineingeritzt, das er als Abbild Jeshuas bezeichnete. Es war ein Bild Jeshuas mit den Armen am Kreuz, aber ohne dass sie angenagelt waren. Sein Gesicht war im Großen und Ganzen so dargestellt, wie Jakobea und ich ihn in unseren Erzählungen beschrieben hatten, allerdings mit großen Ohren wie von einem Esel. Schockiert über diese Darstellung einer Art halb menschlichen, halb tierischen Gottheit, fragten wir sie, warum unserem Meister so lange Ohren verpasst worden waren.

"Bei uns", antwortete Olovico, der äußerst glücklich über die Überraschung zu sein schien, "stellt man sich jemanden, der Leidenden und Lernwilligen wirklich zuzuhören weiß, von Natur aus mit langen Ohren vor. Das ist unsere Art, ihn zu sehen und zu erkennen. Wir finden es richtig, euren Gott Jeshua mit unserer Belisama zu verbünden, weshalb wir ihm so wie auch ihr einen Platz in unserem Dorf und unseren Gebeten vorbehalten, damit auch er geehrt wird."

Obwohl wir besorgt über diese uns unverständliche Darstellung Jeshuas waren, akzeptierten wir das "Geschenk". Wie sollte man auch etwas ablehnen, das von Herzen kam? Hilflos und völlig verblüfft sahen wir der Ankunft eines neuen "Gottes" zu, dem sicherlich bald Opfergaben nach den Glaubensüberzeugungen der Einheimischen dargebracht würden.

Was war zu tun? Sollten wir uns dagegenstellen? Sagen, dass Jeshua das nicht wollte? Oder aber uns entspannen und die Unterschiede akzeptieren, um nicht alles zu zerstören ...

Und so akzeptierten wir, jede Woche einen Strauß aus Rosmarin und Heilpflanzen zu Füßen der Steinskulptur niederzulegen. War denn letztlich etwas Schlechtes daran? Schon bald stellten wir uns diese Frage gar nicht mehr.

Hatte Jeshua uns nicht dazu ermuntert, zusammenzuführen statt zu spalten? Hatte er uns nicht gebeten, die Spur Seines Namens zu hinterlassen wie einen einenden Klang, wo wir nur konnten? Hatte Er uns nicht immer wieder gesagt, dass das Licht Awouns EINS war?

Als wir an diesen Ufern anlegten, trugen wir Ihn in uns wie einen Baum ... aber die Weisheit lud uns ein, darauf zu wirken, dass Er als Wurzel angenommen wurde von einem Volk, das schließlich den Stamm in Ihm finden würde ...

Gravur auf Stein, entdeckt in Rom, 2. Jahrhundert, die die ersten Jünger Christi diskreditieren sollte: "Alexamenos betet seinen Gott an"

9. Kapitel

Wiedersehen

Es war ein Tag, an dem ein starker Wind wehte und das himmelblaue Meer seine weiße Gischt an den Strand tosen ließ.

Trotzdem hatten Jakobea und ich beschlossen, uns auf den Sand zu setzen, auch wenn er uns ins Gesicht peitschte. Wir hatten regelmäßig das Bedürfnis, fernab von den Kindern dort hinzugehen, um unter uns zu bereden, wie das Wort Jeshuas sich ganz allmählich an der Küste verbreitete.

Hatten wir irgendetwas Wichtiges vergessen? Alles war wichtig! Vor allem, kein anderes Gesetz aufzustellen als das der Liebe, des Mitgefühls und des Dienstes. Und vor allem auch keinen blinden Glauben und keinen anderen Kult als den des gebührenden Respekts vor dem Heiligen Dessen, Der dem Leben Sein eigenes Leben hingab, vor der Anbetung des Schönen in allem und allen Wesen und vor dem Gebet, um dieses Schöne zu nähren.

Und plötzlich, während ich den kühnen Flug einer Möwe verfolgte, die sich über den Wind zu amüsieren schien, kam mir ein Gedanke, der sogleich aus mir herausplatzte:

"Wir müssen nach Taruscu!"

"Wie merkwürdig ... Genau das wollte ich auch gerade sagen, meine Schwester! Mir kommt diese Idee immer wieder, seit wir vor so langer Zeit aus Vasio zurückkamen."

"Ja, zu dumm, dass wir dort nicht Halt machen konnten, nicht einmal für eine Nacht, um die Frau zu treffen, die dort angeblich mit den Händen heilt. Wie konnten wir nur so lange abwarten?"

"Es gab hier vieles zu tun, Shlomit, und zu sagen. Es war doch ein ganzer Baum zu pflanzen."

Jakobea hatte recht. Außerdem hatten wir so vieles gelernt, und sei es nur, den *Stein mit den großen Ohren* zu akzeptieren, wie wir ihn unter uns nannten, und zu begreifen, in welche unerwarteten Richtungen Achtung vor Unterschieden und Geduld manchmal führten.

Wer also hielt sich in Taruscu auf? Wir mussten es herausfinden, und wenn es "eine von uns" war, würden wir dadurch nur stärker werden und hätten ein bisschen das Gefühl, die Maschen eines künftigen Netzes zu weben.

Am übernächsten Tag brachen wir auf, aber nicht nur zu zweit, sondern mit Subrona, die immer weiter an Verständnis und Weisheit gewann. Sie hatte unbedingt mitkommen wollen.

Wie gut es tat, nur mit einem Beutel an der Seite und einem Wollmantel wieder loszuziehen! Der Wind war abgeflaut, was unseren Weg durch den blühenden Ginster nur noch angenehmer machte, dessen Duft uns begleitete.

In der Nähe von Arelate begegneten wir unweigerlich Römern, und zwar vielen! Gewiss waren sie nach Nemausus unterwegs. Man sah sie immer schon von Weitem in ihrer Staubwolke. Zum Glück interessierte sich niemand für uns.
Wie wir so mit einigem Abstand von der Straße durch das Buschwerk liefen, hätte man uns für Hirtinnen halten können, denn ganz in der Nähe knabberten Ziegen an den hier reichlich wachsenden, stacheligen Sträuchern. Ihr Stall war nicht weit und lehnte an einem gräulich-weißen Felsbrocken. Dort verbrachten wir die Nacht und teilten wie selbstverständlich die Suppe mit den Bewohnern, einem bettelarmen Paar mit drei Kindern.

"Ihr geht also nach Taruscu?", fragte der Mann und schnitt ein Stück Brot ab. "Was führt euch dorthin? Die Frau?"

"Ja, die Frau ..."

"An eurer Stelle wäre ich mir nicht so sicher, dorthin zu gehen ... Seit zwei oder drei Monden wird einfach zu viel darüber geredet. Ich wäre misstrauisch. Es heißt, dass sie eine Art Magierin ist und einer Frau irgendeinen Dämon ausgetrieben hat. Das klingt ja gut, aber wenn man mit Dämonen sprechen kann ... Vor allem, wenn sie wohl kaum mit denen spricht, die sie kennen oder die zu ihr kommen."

Bei Sonnenaufgang brachen wir mit ein paar vagen Hinweisen auf. Taruscu war nicht sehr weit entfernt, und wenn wir zügig gingen, konnten wir hoffen, kurz nach dem Höchststand der Sonne dort anzukommen.

Ein paar ärmliche Häuser am großen Fluss[26], die wir bereits kannten, Olivenbäume, die denen "zu Hause" ähnelten, sonnenwarme Kieselsteine, kleine Hügel, die von ein paar ausgetrockneten Gipfeln kündeten, und immer noch blühender Ginster ...

So sah die Umgebung aus, in der Taruscu lag.

Natürlich konnte man nicht umhin, den Rundturm zu bemerken, der das Werk der Römer war, um den Ort zu kontrollieren und die andere Seite des Wassers zu beobachten, wo weitere Häuser standen, die sicher genauso einfach waren.

Wie selbstverständlich nahm Jakobea die Sache in die Hand und erkundigte sich bei den ersten Einwohnern, denen wir begegneten, wo "die Frau" lebte.
"Dort entlang, nehmt den kleinen Pfad, der zwischen den Felsen hinaufführt, und ihr werdet sehen, dort sind Sträucher und Olivenbäume und dann eine Art Grotte für die Hirten ..."

Der Mann, der uns diese Hinweise gegeben hatte, war gerade dabei, einen Karren voller grober Steine zu entladen.

---

[26] Die Rhone

Zwei riesige Rinder waren noch darin eingespannt. Er fügte hinzu:

"Sie ist seltsam, ihr werdet sehen. Ich mag sie, aber ... Man weiß nicht, ob man glauben kann, was sie sagt. Kennt ihr sie? Ihr sprecht ein bisschen wie sie. Jedenfalls weiß sie zu behandeln und zu heilen."

Unser Aufstieg zur Grotte war nicht gerade einfach, und ich musste dabei an einen der kargen Wege denken, die sich auf den Anhöhen von Bethsaida entlangschlängelten, wohin uns Jeshua manchmal mitgenommen hatte, um uns in aller Stille zu unterweisen, wenn er der Menge entfliehen wollte. Die Sonne glühte, und die Luft roch so sehr wie bei uns! Vielleicht wären wir hier besser aufgehoben gewesen als bei unseren Teichen an der Meeresküste ... Aber tief im Inneren wusste ich, dass Jakobea und ich Wasser mehr brauchten als Felsen und Berge, und die Ufer unseres Dorfes erinnerten uns an Bethsaida ...

Subrona sprach wenig, aber ihre Augen verrieten ein gewisses Staunen und Ungeduld. Hatte sie uns nicht gesagt, das Gefühl zu haben, "erst jetzt wirklich anzufangen zu leben"?

Schließlich erblickten wir eine Gruppe mehr oder weniger gepflegter Olivenbäume, mit Sträuchern dazwischen, die neben einem Felsüberhang standen. Tatsächlich gab es dort einen Hohlraum, Holzbarrieren und aufgespannte Tücher, die ein Obdach daraus machten. Während wir uns näherten, kündigten wir uns mit lauter Stimme an.

Hier lebte jemand, so viel war sicher. Wir sahen Tonwaren, ein Metallgefäß und sogar ein großes Stück Stoff, das in der Sonne trocknete. Allerdings schien niemand da zu sein. Schließlich sagten wir hoffnungsvoll sehr deutlich Marthas und Miriams Namen.

Ein kurzer Augenblick, dann bemerkten wir hinter uns das Geräusch rollender Kieselsteine. Wir wandten uns um, und ich weiß noch, wie verblüfft wir waren. Wir erblickten eine Frauengestalt, nicht besonders groß, etwas gebeugt, mit grauem Haar. War es Martha?

Ja ... aber sie erkannte uns als Erste. Einen Moment zögerten wir ... sie war so gealtert! Doch kurz darauf fielen wir uns in die Arme.

Mein Gedächtnis wird nicht alles zu erzählen versuchen. Wiedersehen des Herzens sind immer schwer zu beschreiben. Sie sind jenseits aller Worte. Selbst Subrona, die gar nicht direkt betroffen war, weinte und schmiegte sich in Marthas weit geöffnete Arme.

Wer würde zuerst anfangen zu erzählen? In unseren Köpfen und Herzen herrschte einiges Durcheinander ... Gegen Abend bestanden wir darauf, dass Martha den Anfang machte. Sie schien ein unendliches Bedürfnis danach zu haben, denn ihr Gesicht sprach von einem Leid, das ganz sicher weder Jakobea noch ich je gekannt hatten. Dabei aßen wir eine Suppe mit ein paar Brotscheiben. Etwas anderes gab es nicht.

"Viel mehr habe ich noch nie gebraucht", sagte Martha. "Um euch die Wahrheit zu sagen, gelingt es mir nicht, meinen Körper zu achten, wie der Meister es uns gelehrt hat. Ich schaffe es nicht, einen Tempel darin zu sehen. In

Seiner Nähe war das einfach oder offensichtlich, aber seit ich hier allein auf mich gestellt bin ..."

"Aber du warst doch mit Miriam und ihrem Sohn Markus losgegangen ..."

"Ja ..."

Jakobea und ich blickten uns an. Ich war mir sicher, dass wir dasselbe dachten ... In Marthas lakonischem Ja verbarg sich Schmerz, und es war noch nicht der Moment gekommen, um darüber zu sprechen.

"Bei mir ist es genauso", begann Jakobea. "Meinen Körper als Tempel zu betrachten, finde ich schwierig, auch wenn ich nach wie vor glaube, dass dies eine Wahrheit ist. Das Problem haben wir alle, vom Glauben zur Gewissheit zu gelangen. Ist das das richtige Wort? Unsere Hände und Herzen heilen, und zwar weit über das hinaus, was wir darüber glauben. Das haben wir selbst erlebt, aber was unseren Körper betrifft ..."

Jakobea meinte auch mich damit. Doch ich empfand nicht wie sie. Ich sagte nichts ... aber ich pflegte meinen Körper, so gut es ging, mit Ölen, die ich selbst zubereitete. Ich war empfindsam für diesen Tempel, zumindest schien es mir so, denn der Meister selbst hatte mich drei Tage und Nächte lang darin angeleitet[27]. Er selbst achtete sehr auf seinen Körper.

---

[27] S. Kapitel "Das Brautgemach" in Daniel Meurois: "Jesus' Jüngerinnen - Das geistige Erbe der drei Marien"; Silberschnur Verlag.

Trotz allem musste ich zugeben, dass es in unseren Gesprächen fast immer nur um unsere Hände und Herzen ging und "der Rest" erst danach kam. Also musste ich mir etwas mehr bewusst machen, dass dies nicht genug war, dass es mehr brauchte. Ja, aber ...

"Nun, Jakobea, du vernachlässigst diesen Körper aber wohl nicht so sehr, wie du behauptest. Du bist um die fünfzehn Jahre älter als ich und immer noch schön. Und du weißt es ... Du siehst es sehr gut an den Blicken gewisser Männer, und es gefällt dir. Das ist normal."

Jakobea errötete und schlug die Augen nieder.
"Schäm dich nicht dafür ... Jeshua hat uns doch gelehrt: 'Awouns Lebenselixier muss euch ganz und gar erfüllen!'"

Ich sagte diese Worte nochmals zu Martha. Sofort sah ich, dass sie mit den Tränen kämpfte.

"Ich weiß", sagte sie mit leicht erstickter Stimme. "Auch für mich gilt das alles. Als ich hier ankam, wollte ich so sehr geben, dass ich mich selbst völlig vergaß und vernachlässigte. Ich wollte alle Verletzungen behandeln und dachte mir, dass ich dann schnell über Jeshua würde sprechen können. Aber ich sah nicht, dass die, deren Wunden ich verband, sich darüber lustig machten. Man sah in mir nur eine Heilerin, ein bisschen auch eine Magierin, und deswegen blieben mir Jeshuas Worte im Halse stecken. Ich wusste ihnen keine Macht zu geben. Es musste irgendetwas wirklich Schlimmes passieren, damit sich daran etwas ändern konnte."

"Sag es uns, Schwester ..."

Wir sahen, wie Martha die Knie an ihr Kinn zog und nach ihrem braunen Wolltuch suchte, um es ein wenig über ihr hageres, gefurchtes Gesicht zu ziehen, wie es einst bei uns üblich gewesen war, wenn man etwas Wichtiges zu sagen hatte.

"Ach ...", sagte sie, "kurz nachdem ich mich hier unter diesem Fels eingerichtet hatte, begannen viele, mir von einer Frau zu erzählen, die ganz unten außerhalb des Dorfes lebte. Sie erwähnten das, weil die Frau sie einschüchterte, denn sie spuckte ihnen ins Gesicht, beleidigte sie und schlug sogar grundlos auf sie ein. Sie sagten, dass ein 'Dämon' ihre Seele fraß.

Eines Tages kamen einige von ihnen zu mir. Sie fragten sich, ob ich die Frau heilen könnte, ob Der, von dem ich ihnen zu erzählen versuchte, mir genügend 'Macht' verliehen hatte, um sie wieder zur Vernunft zu bringen.

Obwohl ich ihnen immer wieder sagte, dass ich keine Macht hatte, war in ihren Köpfen ein großes Durcheinander. Sie verstanden nicht und behaupteten, dass ihre eigenen Priester und Priesterinnen solchem Übel entgegentraten.

Ich sah, dass sie mich herausforderten und auf die Probe stellen wollten. Aber ich war noch nicht einmal so geistesgegenwärtig, sie zu fragen, warum die Priester sich dann noch nicht darum gekümmert hatten.

Doch irgendetwas muss in mir passiert sein, denn am Ende versprach ich ihnen zu versuchen, die Frau zu heilen, von der sie ständig attackiert wurden.

Zwei Tage später brachten sie sie gefesselt und angeleint zu mir wie ein Tier. Sie war eine in Lumpen gekleidete, fürchterlich bucklige, kleine Frau, die nicht aufhörte zu schreien und zu spucken. Ihr Blick war boshaft, und ihr Geruch ... ekelerregend."

"Und was hast du getan, meine Schwester?", unterbrach sie Jakobea. "Jeshua hat uns solche Sachen nicht gelehrt ..."

"Was hättest du denn an meiner Stelle getan? Ich erinnerte mich, dass Er uns gelehrt hat, zu Kelchen zu werden, uns vom Scheitel abwärts zu Gefäßen zu machen, das Licht des Gottes in der Höhe anzurufen und uns dabei bewusst zu machen, dass Es bereits da ist ...

Also schloss ich die Augen und legte meine Hände auf den Kopf der Frau, die von ihnen zum Niederknien gezwungen worden war. Aber ihr wisst es genauso gut wie ich ... Es ist einfach, das Licht zu rufen, den Atem Awouns, aber viel schwieriger, wirklich ein Kelch zu sein, wenn man seinen eigenen Körper noch nicht zu lieben weiß, wie es sein müsste. Ich sah genau meine Grenzen. Ich betete und betete, aber nichts geschah, und die Spucke verteilte sich wunderschön auf meinem Kleid.

Ich sagte ihnen, sie sollten morgen wiederkommen, dann übermorgen ... Das wiederholte sich vier oder fünf Mal. Nichts ... Fast nahm ich es dem Meister übel, und ich hatte das Gefühl, dass Er mich verriet oder zumindest im Stich ließ.

So vergingen mehrere Wochen, bis ich keine Lust mehr hatte, mich um alle die zu kümmern, die von Zeit zu Zeit zu mir kamen, sogar von der anderen Seite des Flusses. Und dann eines Tages, als ich einen Mann mit einem entzündeten Arm behandelte, tauchte die bucklige Frau lautstark am Eingang meiner Wohnstatt auf. Sie gab seltsame kleine Schreie von sich. Im nächsten Augenblick warf sie sich auf mich. Ich weiß nicht, wie ich das Messer in ihrer Hand bemerkte. Gewiss dank dem Schutz des Meisters. Mir blieb nur noch Zeit, mich auf die Seite zu werfen. Aber die Frau fiel hin und bohrte sich dabei ihr eigenes Messer in den Leib. Sie brüllte natürlich und begann viel Blut zu verlieren, während sie sich auf der Erde wälzte.

Der Mann, den ich behandelte, half mir, sie ruhig zu stellen, dann banden wir sie an meinem kleinen geflochtenen Bett fest. Es war das Einzige, was getan werden konnte.

Was dann kam, weiß ich nicht mehr wirklich ... Ich verfiel in einen seltsamen Zustand, in dem alle meine Handgriffe von innen bestimmt zu werden schienen, mit einer Genauigkeit und Sorgfalt, die ich nicht an mir kannte. Ich hatte keine Gefühle mehr. Ich war einfach ... eine Art geballtes Mitgefühl, wie ich immer hatte sein wollen, ohne dass es mir je gelungen war. Sobald ein Verband angelegt war, betete und betete ich, bis die Frau mit ihren Beleidigungen aufhörte. Es dauerte fast die ganze Nacht. Bei Tagesanbruch trafen ein paar Leute ein, die benachrichtigt worden waren.

'Lass sie sterben!', sagten einige zu mir. 'Belisama bestraft sie!'

Aber für mich war das unvorstellbar. Sie gingen alle wieder davon. Ich weiß nicht, woher ich die Kraft nahm, weiter zu beten. Alles, woran ich mich noch gut erinnern kann, ist, dass ich früh am nächsten Morgen, während die Frau noch immer an mein Bett gebunden war, das absolute Bedürfnis spürte, beide Hände auf ihr Herz zu legen ... Und genau da, glaube ich, nahm alles seinen Lauf. Sie schloss lange die Augen, dann stieß sie einen gewaltigen Seufzer aus, der aus ihren Eingeweiden zu kommen schien. Dann sah ich eine Art braunen, dicken Speichel von ihren Lippen tropfen."

"Und das hat dich nicht erschreckt?", frage ich Martha sofort.

"Für den Augenblick ja, sehr ... Dann sah ich, dass ihre Augen sich öffneten und ihr Blick nicht mehr derselbe war."

"Wie war er denn?"

"Es war einfach der Blick einer erschöpften, leidenden Frau. Ein Blick, der mich zum ersten Mal wirklich sah. Der zu weinen anfing und mit dem ich mitweinte, während ich ihr mit einem angefeuchteten Tuch über das Gesicht wischte, um es von Schmutz zu reinigen. Es war nicht mehr dieselbe Seele, die diesen immer noch gefesselten Körper bewohnte ...

Die Frau erinnerte sich nur an eine Art Albtraum, von dem sie aber nichts erzählen konnte. Ich schilderte ihr alles, sprach zu ihr von Jeshua, sie weinte immer wieder, und einige Stunden später löste ich die Knoten, mit denen sie festgebunden war. Es war nichts Böses mehr in ihr. Sie blieb drei Tage bei mir. Dorfbewohner kamen und sahen ihre Verwandlung mit eigenen Augen. Und so konnte ich wieder vom Meister sprechen, aber diesmal mit Worten, die mir noch nie zuvor in den Sinn gekommen waren.

An einem Vollmondtag ging sie fort. Ich wollte das nicht, weil ihre Verletzung noch nicht ausgeheilt war, aber da sie gehen konnte, war sie nicht mehr davon abzuhalten. Ich erinnere mich noch, wie ich sie mit ihrem entstellten Körper den Pfad hinuntersteigen sah. Aber vor allem erinnere ich mich an ihren verständnislosen, dankbaren Blick und ihre letzten Worte: *'Du hast mir gesagt, er hieß Jeshua. Ich werde versuchen, es zu behalten.'*

Etwa einen Mond später sagte man mir, dass ihr lebloser Körper in einem sumpfigen Gebiet nahe am Fluss gefunden worden war. Ich denke, dass ihre Verletzung niemals ausgeheilt war und sich entzündet hatte. Sie war so einsam ...

Nun, seht ihr, man erzählt vieles über mich, dass ich einen Dämon getötet und eine bucklige, bösartige Frau geheilt habe. Jedenfalls glaubt man, dass ich das Dorf von einem Ungeheuer befreit habe[28]. Man sagt, dass ich eine Magierin, eine Heilerin bin. Aber jetzt berührt mich das nicht mehr wirklich. Für mich zählt nur, dass ich nun endlich

---

[28] Jacobus de Voragine beschreibt in der "Legenda aurea" eine provenzalische Tradition, nach der in der Nähe von Arles eine Art Drachen mit einem Schildkrötenpanzer lebte, den eine gewisse Heilige Martha getötet haben soll, die die Region so von einem Ungeheuer befreite.

wahre Ohren vor mir habe, die kommen, mir zuzuhören, wie ich über Jeshua spreche ...”

Wahre Ohren ... Jakobea und ich blickten uns an. Bei der Bemerkung mussten wir an die riesigen Ohren denken, die dem Meister auf dem berühmten Stein verpasst worden waren, der in unserem Dorf aufgestellt worden war. Sogleich erzählten wir Martha die Geschichte, und alle vier bekamen wir einen Lachanfall, sogar Subrona lachte mit ...

Dadurch lockerte sich unsere Stimmung, was uns wie von selbst eine Tür öffnete, um uns über unsere Leben auszutauschen, die so unterschiedlich waren, auch wenn sich dieselbe Sonne in ihrem Zentrum befand.

Nach unseren Berichten herrschte erst einmal Stille ... Dann ergriff Jakobea mit ihrer lauten Stimme das Wort:

“Martha, fühlst du dich jetzt bereit, uns zu sagen, was mit Miriam und Markus geschehen ist? In deinem Körper und deinen Augen ist Schmerz ... Wir können es genau sehen ... Vielleicht würde es dich von deinem Kummer erleichtern, wenn du uns davon erzählst.”

Mit ihrem alten gewebten Wollschal um den Kopf und leicht gebeugtem Körper begann Martha schließlich zögerlich zu sprechen. Mir schien, dass sie letztendlich glücklich war, sich ganz und gar aussprechen zu können.

Ich sehe uns noch auf dem Boden rund um ein Feuer aus Reisig am Eingang ihrer kleinen Grotte sitzen. Die schwarze Nacht hüllte uns ein ... Sie konnte uns ruhig bei unseren Vertraulichkeiten belauschen. Das Feuer wärmte uns, und abgesehen vom Ruf einer Eule gab es nicht das geringste Lebenszeichen um uns herum. Martha hatte sich völlig abgesondert.

Angespannt bedeckte auch ich meinen Kopf mit meinem dunkelblauen Schleier, eine Geste, die Jakobea sogleich wiederholte und auch Subrona nachahmte. Ich sah, dass sie die Augen niederschlug und tiefen Respekt empfand. Nachdem Martha ein paar trockene Zweige ins Feuer geworfen hatte, begann sie ...

"Ach, wisst ihr, eigentlich gibt es nur zu sagen, dass ich meinen Platz neben Miriam nicht einzunehmen wusste. Wie hätte ich auch, ich, die kleine Martha? Mein ganzes Leben lang habe ich immer gefühlt, dass ich da bin, um zu dienen ...

Miriam kannte alle Worte, die zu benutzen sind, was unweigerlich dazu führte, dass sie den ganzen Raum einnahm. Wie soll man sich neben einer so mächtigen, stolzen Frau halten, mit einem Blick, hinter dem ein Feuer lodert, das brennend heiß und zärtlich zugleich ist? Die Ehefrau des Meisters ... unser aller große Schwester.

Ich glaube, dass ihre Gegenwart eigentlich nur dazu da war, mir meine eigene Schwäche vor Augen zu führen. Ja, die Intelligenz, die der Namenlose durch das Leben zum Ausdruck bringt, legt uns immer geschickt und gerecht Dinge in den Weg, die uns da treffen, wo es wehtut. Während meine Seele noch im Schmerz um mein Heimatland, meine Lieben und den Meister war, trieb Miriam mich zu einer Reaktion.

Anfangs fand ich sie hart, unnachgiebig in manchen Worten, aber dann begriff ich, dass sie mich so 'wieder aufrichten' wollte, mich aus meiner Trägheit holen wollte oder dem, was danach aussah. Ich nahm ihr das übel. Es war einfach nichts genug.

Irgendwann war jeder neue Tag bei ihr und Markus eine weitere Erniedrigung für mich. Ich hatte das Gefühl, dass sie mir meine Ungeschicklichkeit vor die Füße warf, wie man mit einem Kind schimpft, das einen Fehler gemacht hat. Sie konnte nichts anderes als ständig für mich weiterzureden, wenn ich vor unseren Besuchern versuchte, den Namen des Meisters auszusprechen.

Vor Miriam von Jeshua zu sprechen, war mir unmöglich, versteht ihr! Sie sagte mir, ein Atem dürfe niemals schwach sein, sondern müsse allmächtig sein. Ich weiß, dass sie nicht hart mit mir umspringen wollte, aber sie wollte, dass ich wie sie war. Wie hätte ich das sein können?

Als ich mich eines Tages wieder einmal bei einem Fehler ertappt fühlte, stand ich jäh auf und rief: *'Ich gehe, ich kann diesen Druck nicht mehr ertragen ... An deiner Seite kann man weder sprechen noch lehren noch überhaupt existieren, Miriam.'*

Hilflos und mit Unmengen weiterer unausgesprochener Vorwürfe in der Kehle brach ich in Tränen aus.

Markus war blass, denn auch er hatte wahrscheinlich etwas zu sagen. Miriam und er stritten sich oft. Es waren gewiss keine großen Auseinandersetzungen, aber wenn ein Tag schwierig gewesen war und man uns abgewiesen hatte,

kam es vor, dass sie ihm sagte, er sei wie Saul, sein starrköp-
figer, hochmütiger Vater.

Überrascht von meiner Reaktion versuchte Miriam, mich
in die Arme zu schließen. Ich stieß sie zurück. In diesem
Moment, glaube ich, begriff sie, dass sie vielleicht zu weit
gegangen war, ohne zu bemerken, wie sehr ich litt. Nach
langem Schweigen antwortete sie schlicht:

'Nein, Martha, *wir* werden gehen.'

Am Tag darauf, nach einem kurzen Abschied, machten
Miriam und Markus sich auf den Weg nach Südosten.
Schweren Herzens blickte ich ihnen nach und fragte mich,
ob sie wohl zusammenbleiben konnten. Markus träumte
von Freiheit ... Er hatte schon immer sein eigenes Verständnis
von Jeshua gehabt, wohl wie wir alle. Ihr wisst ja, er ist ein
eigensinniger, temperamentvoller junger Mann.

Von da an war ich allein, und viele Tage lang versank ich
in tiefer Verzweiflung. Ich nahm es mir übel und ihr auch,
fand mich bedauernswert und schwach. Deshalb ... wollte
ich fast sterben. Dann kam eines Tages der Meister zu mir,
Er erschien mir und sprach zu mir ... Was Er mir sagte,
behalte ich lieber für mich, aber es hat mir ermöglicht,
wieder Lebensfreude und Vertrauen in mich selbst und in
meine eigene Art zu finden, den Atem weiterzugeben, den
Er uns geschenkt hat."

* * *

Nach zwei Wochen bei Martha, in denen wir uns liebevoll
ausgetauscht und manchmal schmerzliche, aber immer auch

hoffnungsvolle Erinnerungen geteilt hatten, wurde es Zeit, dass Jakobea, Subrona und ich wieder aufbrachen.

Auf unserem Rückweg verging die Zeit wie im Flug. Tatsächlich nahm Subrona den ganzen Platz ein. Als sie mit Marthas Geschichte in Berührung gekommen war und unseren vielen Erinnerungen an Ereignisse gelauscht hatte, die meist in gnadenreichen Momenten geendet hatten, hatte sich noch mehr in ihr verändert ...

Ihr Denken wurde reifer, was ihre Fähigkeit noch vergrößerte, urteilslos zu lieben. Man hätte meinen können, dass sie Jeshua gekannt hatte, so gut merkte sie sich bestimmte Worte von Ihm, die uns spontan einfielen. Aber waren unsere Erinnerungen auch wirklich so genau, wie wir dachten, sodass wir bei dem Versuch, sie bestmöglich in unsere neue Sprache zu übertragen, auch die richtigen Worte fanden?

Und was würde mit der Zeit aus Subronas Erinnerungen werden? Würde sie ihnen treu bleiben oder sie ausschmücken? Worttreue und Richtigkeit der Ereignisse, das waren Fragen, die ich mir schon lange stellte. Die Zeit verging, jeder empfand anders ... Würde sich dadurch nicht irgendwann alles verzerren oder trüben?

Ich kann mich noch an unsere Rufe erinnern, als über einem kleinen Felsgrat, unter dem ein paar Mandelbäume wuchsen, der blaue Meeresstreifen am Horizont auftauchte. Und ich höre auch noch die Freudenschreie, als wir unser kleines Dorf zwischen Erde und Wasser erblickten. Wir hatten einander gefehlt. Wir waren wirklich zu Hause bei diesen Fischern und ihren Familien mit ihren Netzen und dürftigen Booten mit geflickten Segeln.

Und schließlich warteten dort auch meine geliebte Einsamkeit und meine Frösche auf mich ...

Alles begann also wieder von Neuem und ging weiter "wie vorher" oder fast. Martha hatte ihr Leben, das uns schwer erschien, aber sie hatte es sich so ausgesucht, und wir hatten verstanden, dass sie ihr Gleichgewicht gefunden hatte. Jakobea und ich begann wieder zu heilen und zu sprechen, wollten uns aber noch nicht ganz eingestehen, dass wir nun wirklich lehren konnten und die "kleine Subrona" zu "unserer Schülerin" geworden war, einer Schülerin, die auch andere anzog, eine Saat, die sich vielleicht weiter aussäen würde ...

Und dann ein paar Monate später geschah etwas, das wir uns niemals hätten träumen lassen. Eines Tages erschien eine dunkelblau und braun gekleidete Gestalt am Rande eines Stückchens Erde, das wir gerade bestellten. Sie ging direkt auf uns zu, ihr Haar wehte im Wind. Es war Miriam! Sie war zurück, offenbar gefolgt von ein paar anderen. Wir waren wie gebannt. Ein kurzes Zögern, dann Tränen, Umarmungen ... Es war ein Wechselbad der Gefühle, das sich nur schwer erzählen lässt, so sehr ging es uns zu Herzen.

Ein Traum hatte Miriam aus dem Dorf Migdel zu uns geführt. Auch sie hatte viel erlebt und nicht gedacht, uns jemals wiederzufinden, bis ihr eines Nachts der Weg gewiesen wurde.

Würde sie bei uns bleiben? Nein, das stand für sie außer Frage. Wir waren ein Geschenk auf ihrem Weg, bekräftigte sie, aber sie musste weiter nach Osten, wo es einen Ort gab, den sie wiedererkennen würde. Wie lange würde sie bei uns bleiben? Nur ein paar Tage, höchstens eine Mondphase. Zeit, um uns ihr Herz zu öffnen. Das war alles, was sie sich wünschte.

Hatte Er ihre Schritte geleitet, damit wir uns erzählten, wie unser Leben verlaufen war, seit wir an der Küste des Landes Kal angelegt hatten? Es waren nun schon so viele Jahre vergangen, dass ich aufgehört hatte, sie zu zählen. Ja, gewiss war es der Meister, der sie an einen Ort führte, von dem Er wusste, dass Miriam dort gerne anhalten und sich ausruhen würde ...

Und ja, es war wunderbar zu erfahren, dass Jeshua noch immer da war, um uns zusammenzuführen, solange wir es noch konnten, wir "kleinen Schwestern", die so viel miteinander geteilt hatten und gemeinsam in Seinen Fußstapfen gewandelt waren. Das immer noch lebendige Gefühl, Ihn geliebt und dann verloren zu haben, ließ so viel Mitgefühl und Dankbarkeit in mir aufsteigen, dass ich erneut in Tränen ausbrach. Er fehlte uns mehr denn je, aber in unseren Herzen war Er sehr lebendig.

Unser Gefühlsausbruch lockte die Dorfbewohner an, aber wir mussten ihnen zu verstehen geben, dass wir nach all der Zeit erst noch ein bisschen allein sein mussten. Sie entfernten sich taktvoll, und wir bereiteten ein großes Feuer am Strand vor. Ich erinnere mich so gut daran ... Die Frauen brachten uns Fischsuppe, Brot und Bier, und dann waren wir allein auf dem feuchten Sand, mit Wollschals um die Schultern, bereit für unsere gemeinsame Mahlzeit, und betrachteten uns neugierig, bevor wir irgendetwas sagten. Die abendliche Stille vermischt mit dem Geräusch der Wellen besänftigte uns und half uns, die richtigen Worte zu finden.

Das Feuer prasselte fröhlich und beschien uns mit seinem Glanz. Miriam hatte noch nicht wirklich versucht, das Gespräch zu beginnen. Ihre tiefe, heisere Stimme verriet tiefe Erschöpfung, aber auch eine Wehmut, die sie nicht weiter zu benennen brauchte. Schließlich brach sie das Schweigen.

"Sagt mir, es ist nun schon so viele Jahre her, dass unsere Wege sich trennten ... Erzählt mir, was mir alles entgangen ist."

Miriams Einladung wirkte sehr einschüchternd auf Jakobea und mich, wir fühlten uns in ihrer Nähe klein und unwissend ... ein bisschen wie Martha.

"Du weißt gut, dass es nicht leicht für mich ist, die richtigen Worte zu finden, Miriam", antwortete ich. "Jakobea und ich haben hier vieles erlebt und durchgemacht, aber ist das wirklich der Rede wert?"

"Shlomit, über Jeshuas Bitte hinaus habe ich auf dem ganzen Weg immer daran gedacht, euch wiederzusehen, um in unserer Seelengemeinschaft unsere Geheimnisse, Sorgen und Hoffnungen zu teilen. Und ich bin mir sicher, dass das, was wir hier sagen werden, eines Tages eine Spur hinterlassen wird. Ihr wisst, dass jedes Wort bleibt, wenn es hilft zu gestalten und Früchte hervorzubringen. Und ihr wisst auch, dass der Meister uns dazu immer ermuntert hat. Er nannte das 'die Gewürzmischung unseres Lebens'. Erinnert ihr euch?"

Ich nickte, und Miriam lächelte mir zu. Der Feuerschein erhellte ihr Gesicht ... Ein paar tiefe Falten zeichneten sich schon darin ab, aber ihre Augen leuchteten wie eh und je. Ihr langes, noch immer widerspenstiges Haar hatte seinen rötlichen Schimmer behalten. Sie blickte uns einladend und immer noch genauso freundlich an wie früher.

Und dann machte Miriam sich auch schon daran, Kräuter in die Glut zu werfen, um uns Vertraulichkeiten zu entlocken.

Mit ihrer dünnen Stimme begann Jakobea als Erste. Sie sagte, dass sie sonst gar nichts herausbringen könnte und es besser war, von Anfang an zu erzählen, warum sie dem Meister gefolgt war.

Und so begann Jakobea in der Stille der Nacht, uns von ihrer Jugend als Cousine der Mutter Jeshuas, Meryem, zu erzählen. Es waren Dinge, die sie mir in all den Jahren noch nie gesagt hatte, so tief waren sie in ihr vergraben gewesen.

Zuerst gestand sie uns ihre Eifersucht auf ihre schöne, starke Cousine Meryem ein, die Joseph zur Ehefrau gegeben worden war, dem angesehensten Priester der Gemeinschaft. Dann sagte sie, sie habe sich immer unbedeutend und als zweite Wahl gefühlt. Ich weiß noch, wie gefühlsgeladen ihre Stimme war, und bei ihren Äußerungen konnte ich nicht umhin, daran zu denken, was Martha uns vor Kurzem anvertraut hatte ...

"Damals suhlte ich mich geradezu in Eifersucht, Zorn und Bitterkeit ...

Dann beschloss meine Familie eines Tages, mich mit Chalphi zu verheiraten, einem ziemlich wohlhabenden Bauern und noch dazu Cousin von Joseph. Meine Eltern versicherten mir, dass ich glücklich an seiner Seite sein und es mir vor allem an nichts fehlen würde.

Chalphi war ein guter Mann, das stimmte, aber meine Unzufriedenheit und Frustration wurden dadurch nicht weniger, trotz seiner Zuneigung und der Liebe der beiden Söhne, die er mir sogleich schenkte.

Was die schöne Meryem betraf, so bekam sie einen Sohn, der schon sehr jung "mit den Engeln" sprach und viele Menschen neugierig machte. Ich war unglücklich darüber. Warum musste dieser Sohn so anders sein? Zum Glück ging er sehr früh fort, um in der Schule unserer Bruderschaft zu studieren.

Es war eine Erleichterung ... Das ist schlimm, oder? Ich trug eine stumme Wut in mir, die ich einfach nicht zähmen oder verjagen konnte. War es Hochmut oder lag es einfach daran, dass ich es nicht schaffte, mich selbst zu lieben?

Ja, Miriam, Shlomit, eine Zeit lang habe ich Jeshua ... fast verabscheut ... und noch mehr, als Er zurückkehrte und man Ihn 'Rabbi' zu nennen begann, obwohl er selbst sagte, er sei keiner. Ich spionierte Ihm nach ... Ja, es ist wahr, ich versteckte mich, um Ihn zu beobachten, aber ich sah mich nicht in einem inneren Gefängnis, das mir jede Freude nahm.

Dann kam Jeshua eines Tages ohne Vorankündigung zu uns, um Chalphi und meinen Sohn Jakob zu sehen. Doch beim Verlassen unseres Hauses schnitt Er sich den Fuß an einem nicht ordentlich verstauten Werkzeug, und mein Ehemann bat mich, Ihm den Fuß zu verbinden.

Ich nahm seinen Fuß in die Hand, um seine Verletzung auszuwaschen ... und ich wollte ihn nicht wieder loslassen, diesen Fuß. Er war das Kostbarste, was ich je in den Händen gehalten hatte. Ich weinte, während ich ihn behandelte.

Jeshua beruhigte mich, indem er seine Hand auf meinen Kopf legte. Er lächelte mir zu und hob meinen Kopf, während Chalphi und Jakob verständnislos dreinblickten ... Was war da gerade zwischen dem Rabbi und mir geschehen?

Von da an folgte ich Ihm, ja verfolgte Ihn sogar! Und je mehr ich Ihm zuhörte, umso mehr dürstete es mich nach Seinen Worten.

Eines Tages, aber das wisst ihr ja, gab ich mit der Zustimmung meines Ehemannes alles für Ihn auf. Chalphi verstand, dass dies der Weg war, der mich zur Ruhe bringen und mich den Platz einnehmen lassen würde, auf den ich gewartet hatte, ohne genau zu wissen, wohin mich das alles führen würde. Vielleicht hatte Jeshua ja die Antwort auf meine Unzufriedenheit? War Er der Balsam gegen meinen inneren Zorn?

Und danach ... nun ja, sorgte Meryem dafür, dass ich euch auf dem Weg begegnete, zuerst dir, Shlomit, und dann dir, Miriam. Was den Rest betrifft, wie wir alle hierher gefunden haben, habe ich euch nichts weiter zu berichten ..."

Jakobea verstummte, als würde sie sich dafür schämen, was sie uns gerade anvertraut hatte. Schließlich hob sie einen Zweig auf, um irgendetwas in den Sand zu zeichnen, und platzte dann heraus:

"Und jetzt du, Shlomit! Was ist deine Geschichte, was hat dich auf Seinen Weg geführt?"

"Es ist schon Nacht und schon sehr spät ... Könnten wir nicht erst einmal schlafen, Jakobea? Miriam und ich brauchen dringend eine Ruhepause", antwortete ich eindringlich.

10. Kapitel

Feuer und Wasser

In dieser Nacht schlief ich nur sehr wenig, mein Kopf war noch voll von Jakobeas Schilderungen. Und jetzt war es an mir, den anderen anzuvertrauen, was mich zu Ihm geführt hatte.

"Nun also, Shlomit!", forderte Miriam mich lächelnd auf, während sie das Siegel ihrer Seele in die Luft zeichnete, eines der unendlich persönlichen Siegel, deren Geheimnis der Meister uns übergeben hatte wie eine Einladung zur Einheit dessen, was unsere Seelen und Körper ausmachte ... Eine Brücke zwischen Awoun, unser aller Vater, und uns.

Resigniert und errötend senkte ich meinen blauen Schleier auf meine Augen und begann, über meine Kindheit in Bethsaida in einer kleinen Fischerhütte zu erzählen, wo wir zahlreich und in Armut lebten. Soweit ich mich erinnern konnte, hatte auch ich schon meine Mutter über den sprechen hören, der zu Jeshua werden sollte.

"Er war ein entfernter Cousin, den ich noch nie getroffen hatte. Ich war jünger als er, und er war schon sehr früh zum

Studieren in das Kloster gegangen, von dem Jakobea gesprochen hat und das wir alle kurz vor unserer Abreise aus Galiläa gesehen haben. Von ihm war auch nie die Rede, bis uns eines Tages seine Mutter Meryem aus unserer Bruderschaft mitteilte, dass er zurückgekehrt war. Und kaum war er von seiner langen, weiten Reise nach Osten zurück, begannen einige schon, Ihn zu verehren, so wie du es auch schon sagtest, Jakobea. Ohne zu wissen warum, faszinierte mich das, und ich dachte mir, wenn es sein sollte, dass ich ihm begegnete, dann würde es einen richtigen Zeitpunkt dafür geben.

Mein Vater arbeitete sehr hart, aber es reichte kaum für die Bedürfnisse unserer Familie. Dann bot mir ein Onkel Arbeit in einem kleinen Laden an, der ihm gehörte und wo er Düfte herstellte."

"Ist das der Mann, von dem du uns nie erzählen wolltest und über den du nur gesagt hast, dass er dich gelehrt hat, Kräuter- und Pflanzenmischungen zuzubereiten?"

"Ganz genau. Ich liebte es, mit Blumen zu hantieren, ihren Duft einzuatmen ... Endlich schien eine Art Glück für mich in Reichweite, ich glaubte daran, und meine Eltern sahen darin einen guten Ausweg aus unseren unsicheren Lebensverhältnissen, aber ..."

Ich weiß noch, wie ich innehielt, als ich auf diesen Abschnitt meines Lebens zu sprechen kam. Fast versagte mir die Stimme. Ich musste jetzt wahrhaftig sein. Und so begann ich, die entsetzliche Persönlichkeit zu beschreiben, die sich schon sehr bald in diesem Onkel zeigte. Ich musste von seinem schweißbedeckten Körper sprechen, der sich heimlich an mich pressen wollte ... "Und dann waren da seine Augen, sein Atem, sein Gestank, seine Hände, seine Gesten ... Er brach mich, machte meinen Körper zu etwas Schmutzigem."

"Du dachtest also, dass alle Männer so waren wie er ...", unterbrach mich Jakobea.

"Ich wusste nicht, was ich denken sollte. Meine Mutter hatte mir nie irgendetwas über die Beziehung zwischen Mann und Frau erzählt ..."

Diesmal mischte Miriam sich ein. "Nun, ich vermute, dass du alles unter dem Mantel des Schweigens für dich behieltst, und deine Arbeit nicht verlieren wolltest, die ja deiner Familie half, satt zu werden ..."

"Ja, und mein Vater musste diesen Mann eines Tages erst in all seiner Unsittlichkeit überraschen, um alles zu begreifen und mich wutentbrannt wieder nach Hause zu holen. Ihm zufolge musste schnell ein Ehemann für mich gefunden werden, um das Dorf zum Schweigen zu bringen und meine Ehre zu bewahren ... oder eher seine Ehre, falls ein Kind aus dem Missbrauch entstehen würde, den ich erlitten hatte. Er sah gar nicht das kleine verletzte Mädchen, das ich war.

Jeden Tag zog ich mich also ein wenig mehr zurück und empfand keine Lebensfreude mehr. Für meinen Vater war ich sicher von einem Dämon besessen, der vom Gebaren des Onkels angezogen worden war."

Ich stockte ... Unter einem Zipfel meines Schleiers bemerkte ich, wie Jakobea heftig die Stirn runzelte.

"Wurde dir deswegen, meine Schwester, so wie ich es verstanden habe, schon vor sehr langer Zeit eine Art Priester vorgestellt, der Dämonen vertreiben sollte?"

"Ja ... aber was soll man vertreiben, wenn da nichts ist? Nichts als Scham und die Vorstellung, der Körper sei schmutzig ..."

"Dann bist du danach also Zachäus begegnet ..."

"Zachäus war ein reicher Mann, dreimal so alt wie ich, als er sich meinen Eltern vorstellte. Er liebte mein kaum zwölf Jahre altes Gesicht. Mein Vater glaubte, das Richtige zu tun. Die Hochzeit fand in Jericho statt. Könnt ihr euch das vorstellen? Alles dort war prachtvoll, meine Kleider, die Dekoration, die Dienerinnen ... Aber es begann nur ein weiterer Albtraum. Zachäus war kein schlechter Mann, aber ich ließ ihn sich mir niemals nähern. Ich konnte es nicht. Alles, was ich tat, war, Tag und Nacht zu weinen und kaum etwas zu essen."

"Dann vermute ich, dass Zachäus beleidigt und wütend war und dich am Ende zu deinen Eltern zurückgeschickt hat."

"Ja, so war es, Miriam. Mein Vater sagte mir geradeheraus, dass ich nicht normal war, er sich für mich schämte und ich das Haus verlassen sollte, da dort kein Platz mehr für mich war."

Ich erinnere mich, dass ich nicht mehr weiterreden wollte, nachdem ich diese Geschehnisse "gestanden" hatte. Es war zu schwierig für mich. Eigentlich glaubte ich, alles verziehen zu haben, aber anscheinend durfte ich diesen schmerzhaften Zipfel meiner Vergangenheit doch nicht allzu sehr anheben.

Zum Glück sprachen Jakobea und Miriam dann beide den Namen aus, den es brauchte, Zebedäus.

Zebedäus war Fischer in Bethsaida, verwitwet und hatte bereits zwei Söhne etwa in meinem Alter. Ich war ihm schon einmal begegnet ...

"Er war gut und hatte einen gütigen Blick, deshalb bist du ihm gefolgt, nicht wahr?"

"Und ich habe ihn geheiratet, Miriam. Ich lebte an seiner Seite in seinem kleinen Haus am Seeufer. Aber obwohl ich mir viel Mühe gab, war ich auch bei ihm leider nicht imstande, ihn an mich heranzulassen. Ich hätte es gewollt, aber meine Wunden waren einfach zu groß. Er wusste von dem Onkel ... Er war geduldig mit mir und respektierte mich. Es war schrecklich für mich, meinem Ehemann nicht geben zu können, was eine Frau schenken kann, denn ich liebte ihn aufrichtig. Jeden Abend wusste ich nichts anderes zu tun, als allein ans Seeufer zu gehen und zu beten."

Jakobea nahm meine Hand.

"Und dann hat Zebedäus dir eines Tages gesagt, dass er irgendwo am Seeufer einen Rabbi hatte lehren hören und ihr vielleicht hingehen solltet, um ihn euch anzuhören? Du hast mir so wenig davon erzählt."

"Ja. Ich wusste von ihm nur, dass er der älteste Sohn von Meryem war und ich ihn als Kind ab und zu gesehen hatte, da meine und seine Mutter Cousinen waren und wir aus derselben Gemeinschaft waren. Damals war ich nur ein ganz kleines, wildes Mädchen gewesen, und er war höchstens sechs Jahre älter als ich. Aber nun ja ... es war so viel Zeit vergangen, dass ich seine Gesichtszüge vergessen hatte, und außerdem war er ja schon als Kind fortgegangen, um im Karmel zu studieren. Wie hätte ich da eine Vorstellung von dem Mann haben können, der er geworden war und der Zebedäus so beeindruckt hatte? Man sagte, dass er den Namen Jeshua angenommen hatte und Wunder wirkte. Also sagte ich ja zu meinem Ehemann und dachte, dass vielleicht mit seiner Hilfe meine Gebete erhört worden waren und ich wieder würde leben können.

Ein paar Tage später standen Zebedäus und ich wartend inmitten einer Menschenmenge am Ende einer Gasse. Es waren so viele Leute da, dass wir zuerst daran dachten, wieder zu gehen, aber dann kam jemand auf uns zu und lud uns ein, ihm zu folgen, denn der Rabbi wollte uns sofort empfangen. Ich konnte es gar nicht glauben.

Als ich den Mann in einem kleinen Innenhof sitzen sah und er uns einlud, uns vor ihm auf eine Matte zu setzen, war ich sofort wie gebannt von seinem Blick. Es war ein Blick, den ich noch heute nicht beschreiben kann. Was für ein Licht!

Ich muss sagen, dass ich ihn schön fand ... und er war so groß! Ich schlug die Augen nieder und begann zu zittern wie ein Blatt, als er sagte:

'Zebedäus, bist du ihretwegen zu mir gekommen?'
'Ich weiß es nicht, Rabbi ...'
'Nun, es ist ihretwegen, nicht wahr?'
'Ja, Rabbi ...'

Stellt euch nun die Verwirrung meines Ehemannes vor, als Jeshua kurz darauf diesen kurzen, aber unglaublichen Dialog mit ihm führte:

'Wärst du bereit, sie mir zu geben?'
'Dir geben? Aber ... sie ist meine Ehefrau, Rabbi!'
'Bist du denn wirklich verheiratet, Zebedäus?'

Zebedäus brach in Tränen aus, und ich war so bestürzt, dass ich fast nichts mehr von ihrem weiteren Gespräch mitbekam.

* * *

An unserem Strand hielt ich inne und nahm einen tiefen Atemzug.

Ich erinnere mich noch gut an den Moment dieser schmerzhaften Eingeständnisse ... Nur allzu gerne hätte ich an dieser Stelle aufgehört und mir gewünscht, dass Miriam und Jakobea mich von meinem Versprechen erlösten, ihnen alles zu erzählen, aber ich fühlte ihre Hände auf meinem Rücken und verstand genau, dass sie mir auf ihre Weise halfen, mich von meiner Vergangenheit zu befreien, und mich heilten, indem sie meine Gegenwart erhellten. Es gibt so viele Arten, den Atem zu schenken! Und ich konnte einfach nicht immer geben, schweigen, geben und wieder schweigen. Zu akzeptieren zu empfangen, ist weise. Es ist *die Bewegung des Lebens*, hätte der Meister gesagt ...

Und so setzte ich mein Geständnis weiter fort. Jeshuas Worte an jenem Tag waren in meinem Herzen eingraviert, auch wenn ich das Gefühl gehabt hatte, sie gar nicht zu hören.

'"Zebedäus, du wolltest wissen ... Ist euer Leben zu zweit das Leben von Eheleuten? Ist es das Leben? Sieh, Shlomit lebt nicht. Nun ... ich bitte dich, mir einen Augenblick mit ihr allein zu gewähren.'

Unvermittelt nahm der Meister einen meiner Füße in seine Hand. Er las darin, entzifferte Krankheiten, Beschwerden, vermute ich ... Alles, was mir wehtat.

'Verstehst du wirklich, was dein Name bedeutet, Shlomit? Denn du bist es, die diesen Namen gewählt hat, nicht deine Eltern. Er bedeutet "die Friedliche", aber du bist im Krieg gegen alles ...'

'Aber ... ich bin nicht im Krieg, Rabbi. Mir geht es schlecht, und ich habe dafür gebetet, dass man mir zu Hilfe kommt.'

'Nun, ich habe dich gehört ... und ich werde dich das Glück lehren. Die Versöhnung! Wenn du aus deinem Unwohlsein herauswillst, wirst du mir folgen.'

Für den Augenblick wollte ich viel lieber flüchten, aber da traf Sein unglaublicher Blick meine Augen. Ein Blick, überflutet von Liebe ...

Zebedäus und ich kehrten in unser Haus zurück, ohne ein einziges Wort zu wechseln. Was hätte er auch sagen können? Er sollte also seine Ehefrau dem Rabbi geben, wo er eigentlich gedacht hatte, Er würde sie einfach von ihrem Übel heilen, wie Er es bei so vielen anderen auch tat, die nur Heilung wollten und nichts anderes?

Und stellt euch vor ... die ganze Zeit über fragte ich mich: *'Warum ich? Was hat dieser große Rabbi in mir gesehen, das es notwendig macht, mich ihm zu geben?'*

In dieser Nacht wurden mein Ehemann und ich von unglaublichen Träumen besucht. Meine werde ich euch nicht erzählen, aber beim Aufwachen sagte mir Zebedäus, er sei jetzt davon überzeugt, dass ich Jeshua folgen sollte. Er fügte hinzu, dass es stimmte, dass wir beide verletzt waren und aus der Verleugnung herausmussten, an der wir beide so litten ...

Und so, meine Schwestern, bin ich mit Zebedäus' Erlaubnis und dank seiner unglaublichen Herzensöffnung dem Meister gefolgt. Und ich habe euch gefunden sowie auch andere. Im Laufe der Jahre hat Jeshua mich wieder aufgerichtet, mich den Genuss des Glücks gelehrt und mir die Freuden und das Edle des Fleisches nahegebracht, dadurch, dass man den Körper als Tempel betrachtet und in den Sinnen eine Tür zur Liebe entdeckt ...

Aber was für eine Arbeit es war, mich mit diesem Aspekt meiner selbst zu versöhnen! Was für eine Mühe, lächeln zu lernen, eine Frau zu werden und schließlich ein Kelch! Hatte ich jemals wirklich so viel Talent dazu, wie Er es eigentlich wollte? Ganz sicher nicht ...

Ich erinnere mich an unsere erste Begegnung, Miriam ... Ich kam gerade von einem Dorf auf der anderen Seite des Sees, wo Jeshua mich gebeten hatte, Ihm bei der Geburt eines Kindes zu helfen, das Schwierigkeiten hatte, den Bauch seiner Mutter zu verlassen. Am Ufer wusste ich nicht genau, wohin ich gehen sollte, und begann, mein Haar zu schütteln, mein Kleid zu ordnen, stolperte über Kieselsteine ... Und da sah ich Ihn, wie er mich ein paar Schritte entfernt beobachtete, amüsiert über meine Ungeschicklichkeit und meine Versuche, meine Verlegenheit zu überspielen.

'Shlomit, wohin gehst du? Hast du keinen Hunger?'

'Doch ... aber ich habe kein Zuhause. Ich habe alles aufgegeben, das weißt du.'

'Nun, wenn dein Zuhause nicht mehr bei Zebedäus ist, dann komm mit mir ... wir werden etwas essen.'

Was dann folgte, weißt du, Miriam. Drei oder vier Frauen, die in der Nähe waren, bereiteten das Essen zu. Eine von ihnen trat zu dem Rabbi. Das warst du ... Und ich gestehe dir heute, dass ich dabei einen Stich im Herzen verspürte. Das war natürlich lächerlich. Ich reagierte, als würde mir nun ein kleines Stück von Ihm gehören. Ich war jung, leckte meine Wunden und hatte mich unversehens verliebt ... Wie hätte es auch anders sein können? Vergib mir, aber ich musste es dir einfach sagen ..."

Miriam lächelte ...
"Oh, ich erinnere mich ... Wie soll man diese Momente auch vergessen? Er hatte dich sozusagen 'adoptiert', ich hatte da gar nichts zu sagen.

Er war der Rabbi, und auch deshalb musste ich Seine Entscheidungen akzeptieren. Er allein wusste schließlich und sah so viel weiter als wir! Und wenn ich dir jetzt gestehe, dass auch ich einen kleinen Stich im Herzen gespürt habe? Ein winziges Unbehagen, weiblicher Argwohn gegenüber einer 'gewissen' hübschen, noch sehr jungen Frau, die schüchtern und verängstigt dreinblickte wie ein Wüstenfuchs.

Ich sah sofort, dass Ihm an dir lag, weil Er durch dich etwas sah. Du warst aus der Familie! Oh, ich habe schnell gelernt, über deine Ankunft glücklich zu sein, denn Jeshua hatte so entschieden, ohne irgendetwas vorzuschreiben, er schaffte einfach Tatsachen."

Ich errötete, und Miriam zog mich an sich. Mehr gab es nicht zu sagen. Die Nacht war hereingebrochen ... Wir würden uns ausruhen, und morgen würde sie, die die Ehegattin des Meisters zu sein gewusst hatte, an der Reihe sein, uns von ihrem Leben vor ihrer Begegnung mit Ihm zu erzählen.

Es war eine friedliche, tiefe Nacht, scheint mir ... Und ich erinnere mich, dass unsere Schwester Miriam schon bei Tagesanbruch auf der Düne stand und die Brandung betrachtete. Jakobea und ich eilten zu ihr. Es war wie ein Fieber, dieses Wiedersehen! Wir waren so ungeduldig ... Als Miriam sprach, war es wie Magie und mehr als nur Worte: lebendige Bilder, die unsere Herzen berührten.

"Ich soll euch also über meine Begegnungen und *meine* Begegnung erzählen, meine Freundinnen? Ja, ich bin auch zu euch gekommen, um zu erfahren, wie ihr in all den Jahren hierhergefunden habt ... Warum also sollte ich euch dann nicht auch meinen Weg erzählen?

Es ist schon fast sechs Jahre her, glaube ich, dass wir uns nach unserer Ankunft im Land Kal getrennt haben, und ich kann es kaum erwarten zu erfahren, was ihr in der Zeit erlebt habt und vor allem, wie ihr all das weitergegeben habt, was unseren Reichtum ausmacht, *den* Atem. Danach werde ich, wie gesagt, wieder aufbrechen und meinen Weg nach Osten fortsetzen, zur Sonne hin ... Es gibt da einen Ort, den ich im Traum gesehen habe."

Jakobea und ich blickten uns mit einem kleinen Schmunzeln an. Konnte es etwa sein, dass Miriam gerade zu vermeiden versuchte, ihre Erinnerungen offenzulegen, um Selbstheilung zu praktizieren, so wie wir es beide getan hatten?

"Miriam ...", sagte Jakobea neckisch, "Miriam ..."

Aber unsere Schwester war nicht wirklich gewillt, über sich selbst zu sprechen. Es war eine Tatsache, aber wir konnten sie nicht zwingen, sich uns anzuvertrauen und sich alles von der Seele zu reden. Nein, was sie wollte und brauchte, war, uns weiter zuzuhören. Was hatten wir in all den Jahren gemacht, in denen sie, wie wir jetzt langsam verstanden, im Gegensatz zu uns viel herumgekommen war?

Also begannen wir wieder zu erzählen oder vielmehr, uns von ihren Fragen tragen zu lassen. Zu zweit war es einfacher, weniger persönlich und nicht so schmerzhaft. Tatsächlich hatten wir das Gefühl, dass wir gar nicht so sehr über unsere Vergangenheit sprachen, sondern eher über die Wurzeln unserer Gegenwart. Miriam, die sich leicht begeistern ließ, lauschte uns gebannt ...

"Ihr habt also Martha wiedergefunden? Sie ist gar nicht so weit weg ... Einmal wünschte ich mir, dort drüben bei ihr zu leben. Es war dort lieblich und rau zugleich, wie unsere kleinen Berge in Galiläa, aber ..."

Doch Miriam redete nicht zu Ende, und ich spürte, dass ich ihr zu Hilfe kommen musste.

"Du weißt es besser als ich: Wasser und Feuer halten es nicht lange beieinander aus. Jeshua machte das möglich, und in uns arbeitete er daran. Allerdings sind wir nicht Er, und Jakobea und ich haben festgestellt, dass der Atem, den Er an uns weitergegeben hat, überaus fordernd ist. Er lässt sich nicht so leicht bändigen, wie man es gerne hätte. In gewisser Weise sind sie und ich hier ebenfalls wie Feuer und Wasser. Es gibt Momente, in denen das Feuer eine Art Wasser in sich selbst offenbart. Es ist nicht zu beschreiben ...

Ich habe festgestellt, dass unsere Seele zugleich Funken und Flüssigkeit braucht. Manchmal sind wir so uneinsichtig! Besonders, wenn wir Liebe schenken wollen und meinen, ihre wahre Definition zu kennen oder ihr zumindest nahezukommen.

Manchmal, wenn es mir gelingt nachzusinnen oder zu sprechen so wie jetzt, sage ich mir: 'Jetzt bin ich endlich aufgeblüht.' Aber dann kommt jemand daher, der nicht dieselbe Sprache spricht, und ich verstehe, dass ich bloß eine Knospe bin, die gerade erst aufgeht ..."

"Ja", sagte Miriam etwas trocken. "Auch ich habe gesehen, dass nichts wirklich wächst, wenn der Atem nicht warm und feucht ist. Es ist seltsam, auf diese Weise darüber zu sprechen, aber so ist es, und man muss es erst selbst entdecken. Wie alle, die eine Feuersbrunst entdecken und sich zu eigen machen, so muss ich noch Nachgiebigkeit lernen, so viel ist sicher. Alle jene, die 'etwas' tragen, können sich nicht vorstellen, dass eines Tages ihr Rücken krumm sein wird. Meinem fällt es noch schwer, das zu akzeptieren. Offenbar sind immer noch ein paar 'zu Eis erstarrte Erinnerungen' gut in mir versteckt, und Jeshua hat es mir wohl überlassen, sie durch eine künftige Flamme zum Schmelzen zu bringen.

Ihr habt es erraten oder sie hat es euch gesagt ... Es war nicht immer einfach mit Martha. Man kann aus derselben Familie sein und trotzdem nicht unter einem Dach leben können. Seht, sind wir in dieser Welt nicht alle Kinder Awouns? Und doch glaubt jeder mit Gewissheit, allein Recht zu haben.

'Nenne den Ewigen so und nicht anders, bereite diesen Trank unbedingt auf diese Weise zu, lege deine Hände so auf und keinesfalls so, wenn sie heilen sollen ...'

Viel zu oft schleppen wir diese Worte mit uns herum.

Der Meister war nicht umsonst der Meister. Er kannte kein 'So-muss-es-sein'. Es hieß: 'Seht, hört, benennt, empfangt und dann gebt', und so fand alles Erfüllung."

Unvermittelt hielt Miriam inne. Ich dachte, dass ihr wohl plötzlich bewusst wurde, dass sie zu viel über sich zu erzählen begann. Aber dann sprach sie genauso unvermittelt weiter.

"Nun, ihr seid ja kaum gereist. Konntet ihr trotzdem von Jeshua sprechen? Ich meine, von der Liebe, die durch Ihn strömte ... Erinnert ihr euch, wie wir alle gemeinsam unterwegs waren, das machte unsere Stärke aus. Er liebte es, wenn wir unterwegs waren. Der Atem muss in Bewegung sein, meine Freundinnen ... Das ist Seine Natur."

Diese Bemerkung gefiel Jakobea wohl nicht, denn sie stand jäh von dem Knäuel aus Seilen auf, auf dem sie sich niedergelassen hatte. Ich sehe sie noch mit gerunzelter Stirn vor mir stehen.

"Miriam, hast du etwa vergessen, wie oft der Meister an einen Ort ging, sich nicht mehr vom Fleck bewegte und einfach abwartete, bis der Richtige vor Ihn trat und Ihm Gelegenheit gab zu lehren, ohne dass es danach aussah?

Weißt du, ein bisschen haben wir das auch so gemacht. Erinnere dich ... *'Ein Samenkorn lässt sich manchmal lange vom Wind tragen, aber eines Tages findet es die geeignete Erde und pflanzt sich darin ein, ohne sich Fragen zu stellen.'* Es war dein Ehemann, der das gesagt hat. Shlomit und ich sind solche Samenkörner.

Du wirst sehen ... Bald werden die Frauen des Dorfes uns eine Fischmahlzeit zubereiten, haben sie mir gesagt. Warum werden sie das tun? Weil wir ihnen auf unsere Weise Gutes tun und zu Familienmitgliedern für sie geworden sind, nachdem wir nicht mehr weitergezogen sind. Wir haben die Farbe dieses Ortes angenommen."

Miriam griff nicht wirklich auf, was Jakobea gerade zu ihr gesagt hatte. Sie bemerkte nur, dass wir die lange Reise hierhin ja nicht umsonst unternommen hatten und niemand von uns hoffen konnte, irgendwann einmal so zu strahlen wie der Meister, wenn er auf die Gelegenheit zu lehren wartete. Außerdem sei der Atem von Natur aus eine Vorwärtsbewegung. An dieser Stelle war unser Gespräch zu Ende, denn ich glaube, jede verstand, dass es zu nichts führte.

Jakobea und ich hüteten uns davor, ihr vom *"Stein mit den langen Ohren"* zu erzählen, der am anderen Ende des Dorfes errichtet worden war. Das würde vielleicht nur Ärger geben, und wir wollten nichts als Harmonie, um an Den zu erinnern, der in unserem Leben die Harmonie selbst gewesen war.

Wir erzählten ihr lediglich über den Kult für Belisama, bei dem wir gewesen waren. Miriam hörte uns aufmerksam zu. Sie konnte gut nachvollziehen, was wir dabei alles gesehen und gehört hatten, da sie besser als jeder andere wusste, was Jeshua auf seinen weiten Reisen erlebt hatte. Die Welle des Göttlichen hatte keine Heimat, auch wenn unsere Reflexe manchmal versuchten, uns vom Gegenteil zu überzeugen.

So verging der Tag. Miriam verbarg ihre Müdigkeit hinter ihrer lebhaften Fassade. Und die Ehefrau des Meisters hatte jedes Recht, müde zu sein. Aber es fiel ihr schwer, das zu akzeptieren, als wäre es ein Eingeständnis von Schwäche oder Unzulänglichkeit. Doch manchmal kann es geschehen, dass der Wind, auch wenn er das Heilige atmet, sich eine Ruhepause gönnt, um sich zu sammeln, bevor er sich wieder erhebt.

Deshalb erzählten wir uns behutsam und entspannt nur noch ein paar der vielen kleinen Geschichten, die uns drei miteinander verbanden.

Als der Abend gekommen war, aßen wir glücklich den versprochenen Fisch und nickten ein ... bis in der Dunkelheit plötzlich mein Name an mein Ohr drang.

"Shlomit ... Shlomit ... Bist du hier bei uns?"

Ich schrak hoch und erahnte Jakobea und Miriam im Mondlicht, die an der Wand unserer Hütte lehnten. Ich verstand, was vor sich ging. Miriam wollte reden, ihre Stunde war gekommen, es war ihrer Stimme anzuhören.

Sie wollte ihre Erinnerungen "aus der Zeit vor dem Meister" schildern, ihr Leben bei Saul, ihrem ersten Ehemann, Markus' Vater. Damit hatte ich nicht gerechnet.

"Saul, wisst ihr ... Auch er hatte eine Art Atem in sich, ich weiß es genau. Aber er gehörte zu jenen, die immer etwas Offizielles hinter sich haben wollen, etwas, das einer bestimmten Ordnung gehorcht. Ich weiß nicht, ob ihr mich versteht ... etwas Starres, das von einer Art Gesetz vorgeschrieben wird.

Aber warum? Das habe ich mich lange gefragt, aber ich glaube es jetzt verstanden zu haben: Wenn man Gesetze oder Vorschriften braucht, dann oft, weil man versteckte Ängste hat. Grenzen und Barrieren beruhigen uns, wenn uns etwas zu groß vorkommt. Oder unkontrollierbar.

Weil viele ständig von einem heimtückischen Machtbedürfnis besessen sind und an unumstößliche Dinge glauben in der Welt, in der sie leben, oder im Leben allgemein.

Wahrscheinlich wisst ihr es nicht, aber Saul hat immer Texte geliebt. Texte meißeln alles in Stein. Für ihn war es beruhigend, ihn schwindelte nicht davon, sondern es gab ihm im Gegenteil die Gewissheit, kontrollieren zu können."

"Was kontrollieren zu können, meine Schwester? Er war Sadduzäer und auch ein Bürger Roms. Was hatte er denn schon zu befürchten?"

"Ganz einfach: das, was uns immer entgleitet. Kannst du in deiner Hand die Luft festhalten, die du atmest? Erinnert ihr euch, wie Jeshua davon sprach? Was uns immer entgleitet, ist der Horizont der Seelen, der Geist, das, was bewirkt, dass der Atem Atem ist. Saul verstand nicht, dass man ihm keinen festen, endgültigen Namen geben kann, ihn nicht mit Verboten und Pflichten einkreisen kann, wie es bei uns immer die Pharisäer tun wollten.

Unter anderem deshalb liebte er alles, was er sich an Macht aneignen konnte, liebte er es, ein Kurzschwert zu tragen, seine Muskeln spielen zu lassen und schließlich auch zu trinken, um zu vergessen, was er als Fehler sah. Denn Saul war intelligent, glaubt mir ... Hochmut war sein wunder Punkt.

Aus allen diesen Gründen entglitt auch ich ihm, sicherlich auch, weil ich mich insgeheim nach einem kräftigen Windstoß sehnte, aber nicht nach einem Windstoß der Freiheit, sondern der Befreiung."

Und dann begann Miriam, uns über ihre Flucht zu Joseph zu erzählen, ihr unauffälliges Leben in Migdel, ihre Entdeckung der Heilkräuter und die Schwierigkeiten, die sie hatte, Markus zu sich zu holen, der damals noch ein Kind war. Jahrelang war ihr Leben nichts weiter als die Flucht aus einem Sturm, bis zu dem Tag, an dem *die* Begegnung in Jerusalem stattfand. Sie sprach auch darüber, wie schmerzhaft es für sie war, dass einige nicht davor zurückschreckten, von ihr das Bild einer verderbten Frau zu verbreiten. Sie war nicht nur vor ihrem Ehemann weggelaufen, sondern zog auch noch zusammen mit einer Bande anderer verdächtiger Frauen und Männer irgendeinem Unbekannten hinterher. War sie eine Prostituierte? Das war doch offensichtlich ...

"Ich wollte immer den Eindruck vermitteln, dass ich nicht darunter litt und über allem Gerede stand, da ich Jeshua ja so nahe war. Das stimmte natürlich nicht, aber der Sturm, den Er in mir entfachte, bewirkte, dass ich diesen Schmerz trotz allem akzeptierte. Nicht, weil ich sozusagen verführt worden war, wie ihr sicher glaubt, sondern weil ich völlig von Ihm ergriffen war.

Ich frage mich, ob ich überhaupt eine Wahl hatte und die Begegnung nicht schon so lange vorherbestimmt war, dass ich dem gar nichts entgegensetzen konnte ...

Ach, ich erinnere mich noch so gut an diesen besonderen Moment, als Er mich etwas abrupt fragte: '*Erkennst du, Miriam, den Weg, den ich einschlage, vielleicht auch als deinen Weg?*'

Das hat mein Leben völlig auf den Kopf gestellt! Auf dieselbe Art, wie Er auch sonst meine Fragen beantwortete, erklärte Er mir, dass er nicht verliebt in mich war, sondern mich liebte. Das veränderte alles. Alles wurde im selben Moment zerstört und wieder aufgebaut. Jeshua definierte nicht nur einfach unsere Liebe neu, sondern *die Liebe* ...

In seiner Vorstellung sollte ich *die Frau* werden, ein wahrer Kelch, der idealerweise alle Kelche in sich vereinte. Ist euch bewusst, welche Last das bedeutet?

Aber alle Frauen dieser Welt haben eine Aufgabe, meine Schwestern, nämlich, eine bestimmte Empfindsamkeit zu vermitteln, das fließende Verständnis des Lebens, ein flüssiges Feuer, wenn ihr so wollt, oder einen Wasser-Atem. Ich weiß es nicht ... Ich sage mir einfach immer wieder, dass ich das tue, so gut ich kann.

Aber um *die Frau* zu werden, musste ich überwinden, was Er *den ersten Zorn* nannte. Und das, das ...

Natürlich beruhigte der Meister mich. Er vertrieb meine alten Dämonen, aber ...”

Miriam war wie eine Glut in der Nacht. Sie sprach weiter und weiter und prangerte demütig besagte “Dämonen” an, erzählte von Glück und Leid, sprach von “ihren” Ölen und Pflanzen wie von ihren Kindern. Und schließlich erwähnte sie mit gedämpfter Stimme den Namen ihres Sohnes Markus, der genauso feurig war “wie sein Vater”.

“Er konnte nicht lange mit mir reisen, nachdem wir Martha verlassen hatten. Er fühlte sich an meiner Seite erdrückt. Zwangsläufig. Eines Nachts sah er, dass er wieder in den Süden hinabwollte, wo das Gebirge ins Meer abfällt.

Auch er hat seinen Weg, er trägt den Atem auf seine Weise, und so ist alles vollkommen. Schon bald werde auch ich meinen Weg wieder aufnehmen voller Glück, dass ich euch wiedergesehen habe.

Aber wisst ihr, was auch geschehen mag, eines dürfen wir nicht vergessen und muss uns antreiben ...

Die große Kranke auf dieser Erde ist die Liebe, weil sie noch nicht die Liebe ist ... Sie zu heilen, ist unser Grund zu leben.”

Diese Worte beeindruckten Jakobea und mich zutiefst. Sie fassten so viel davon zusammen, was wir uns anzuvertrauen hatten!

Ich erinnere mich, dass wir uns an Bord des kleinen Bootes, das die Fischer uns für diesen und die kommenden Tage geliehen hatten, noch oft unser Herz ausschütteten. Es war eine Art Traum, den wir immer weiter miteinander träumten und aus dem wir uns gegenseitig wieder aufweckten mit dem Versprechen, niemals wieder einzuschlafen.

Etwa einen Mond später brach Miriam gefolgt von den wenigen Frauen und Männern, die sie schon bis zu uns begleitet hatten, nach Osten auf. Mit einem zärtlichen Sturm in unseren Seelen blickten wir ihr nach.

11. Kapitel

Bangen der Seele

Und so nahmen wir unser Leben in dem sicheren Wissen wieder auf, Miriam niemals wiederzusehen. Nicht weil sie es uns gesagt hatte, sondern weil wir es genau spürten, so wie sie überzeugt war, Markus niemals mehr wiederzusehen. Wir alle wurden von unserem Schicksal davongetragen, mit einem inneren Horizont, der nur schwer teilbar war ...

Subrona begann, uns mehr denn je auf unseren Reisen am Meer zu unterstützen, und alles ließ immer mehr darauf schließen, dass sie das beste Samenkorn war, das wir uns erhoffen konnten, um den Meister und "Seine Art zu lieben" weiterleben zu lassen.

Ohne es sich eingestehen zu wollen, scharte sie von Dorf zu Dorf immer mehr Freundinnen um sich. Sie fühlten sich von ihrer Offenheit und Aufrichtigkeit angezogen. Es ergab sich ganz spontan ...

Natürlich öffneten sich eher junge Frauen ihrer Art zu sein und darüber zu sprechen, was Jeshuas Herz beseelt hatte, als hätte sie Ihn selbst gekannt.

Manchmal hatten Jakobea und ich das Gefühl, dass Er sie nach ihrer Heilung noch einmal besucht hatte und sie es für sich behielt wie ein Geheimnis, das ihr Kraft gab. Ja, vor allem junge Frauen oder Heranwachsende kamen in dieser Zeit zu ihr, selten junge Männer, wohl durch falsch verstandenen, unangebrachten männlichen Stolz, aber gewiss auch, weil der Atem des Meisters schon immer mehr Frauen als Männer angesprochen hatte. Es war eines der vielen Mysterien, die schon vor vielen Jahren den Sanhedrin so irritiert hatten.

Die Ehemänner und Freunde sagten nichts ... außer, wenn sie überraschend wirkungsvoll von Händen geheilt wurden und die Ohren dahinter weder urteilten noch verurteilten.

Diese recht sorglose Zeit des Aussäens, nachdem Miriam fortgegangen war, währte leider nur sehr kurz. Vielleicht deshalb, weil es in den Augen einiger einfach "zu gut" lief und unsere Zuhörerschaft weit über den Kreis unseres Dorfes hinaus langsam zu viel Aufmerksamkeit erregte. Nemausus war nicht allzu weit entfernt ...

Eines frühen Morgens holten uns laute Stimmen im Befehlston vorzeitig aus unserer Hütte auf dem Wasser. Es waren Römer im Dorf, und Olovico stand wild gestikulierend vor ihnen. Was war los?

Von irgendetwas drehte sich mir sofort der Magen um. Tausend Erinnerungen wurden wach! Allein das Gefühl von Jakobeas Hand, die meinen Arm packte, ließ schreckliche Ereignisse in mir hochkommen ...

Wir hätten ahnen können, dass genau das irgendwann passieren würde. Wenn Soldaten hier waren, dann unseretwegen. Wie überall hatten wir auch hier am Ende gestört, und Jeshuas Name, auch wenn wir ihn sehr lange für uns behalten hatten, hatte sein Werk der Destabilisierung begonnen. All das war uns klar, als wir Olovico über unseren kleinen Steg auf uns zukommen sahen.

"Ich weiß nicht, was sie von euch wollen", sagte er mit zitternder Stimme, "aber mit euren Gesichtern und den Hinweisen, die sie haben, haben sie euch wohl sofort gefunden."

"Was sie von uns wollen? Du ahnst es doch, Olovico", erwiderte Jakobea sofort. "Aber es stimmt, sie wissen genau, dass wir da sind, daher ist es für uns sinnlos zu fliehen und ihren Zorn über das ganze Dorf zu bringen."

Jakobea hatte recht. In Todesangst, aber entschlossen, des Meisters würdig zu sein, folgten wir Olovico dorthin, wo die Römer standen. Ich erinnere mich nicht mehr, was sie uns in ihrer schrecklichen, groben Sprache fragten, nur noch, dass ich Jeshuas Namen hörte und vielleicht noch "Galiläer", dann band man uns vor dem ganzen Dorf, das langsam zusammenkam, Schnüre um die Handgelenke. Zorn stieg in den Herzen auf und war in aller Augen zu lesen, sogar Fäuste bemerkte ich, die sich hier und da erhoben, aber die Angst war zu groß und zu greifbar. Zum Glück, denn es hätte kein Blut fließen dürfen wegen eines törichten Widerstands, der zu nichts führte. Ich suchte nach

Subrona irgendwo in dem Gedränge, aber entdeckte sie nicht. Wahrscheinlich war es besser so.

Ein Soldat befestigte unsere Fesseln rasch an einem Pferdesattel, und uns blieb nichts anderes übrig, als der Truppe mit Verzweiflung im Herzen zu folgen. Offensichtlich führte man uns nach Arelate. Wir wussten, dass die Römer dort groß angesiedelt waren und die reichen Landbesitzer in der Region gerne mit ihnen zusammenarbeiteten. Nach allem, was man hörte, legten von dem kleinen Hafen der Ansiedlung aus regelmäßig Boote nach Rom ab. Hatte irgendein Würdenträger dort zur Aufgabe, nach Menschen zu suchen, die sich auf Jeshua beriefen?

Gezwungen, schneller zu laufen als wir es gewohnt waren, fielen Jakobea und ich immer wieder hin, sodass man uns schließlich befahl, zu zweit auf dasselbe Pferd zu steigen. Doch auch so konnten wir kein einziges Wort wechseln. Zu der Verzweiflung gesellte sich eine Art unbändige Wut, ein Gefühl, das uns sehr fremd war und gar nichts damit zu tun hatte, was wir eigentlich dachten verinnerlicht zu haben. Das machte mir Angst.

Shlomit, die Friedvolle ... Noch nie hatte ich so schwer an meinem Namen getragen wie jetzt! Oh, dachte ich, wie einfach es war, unter freundlichen, großzügigen Menschen nachsichtig und verständnisvoll zu sein! Was für eine Lektion das wieder einmal war!

Wie wir es uns schon gedacht hatten, führte man uns zu den Kerkern von Arelate, in die in Fels gegrabenen Verliese in der Nähe des römischen Kommandos. Die Soldaten, die uns dorthin brachten, sagten kein Wort, als sie die Tür hinter uns verriegelten.

Jakobea konnte nicht mehr ... Empörte Worte sprudelten aus ihr hervor, immer wieder von Schluchzen unterbrochen. Was hatten die Römer uns denn vorzuwerfen? Wer hatte was gesagt? So sehr störten sie sich also an unserem Frieden, unserer Liebe? So schien es wohl zu sein.

War es denn immer wieder dasselbe in der Geschichte der Menschen auf dieser Welt? War es ein Verbrechen, sein Herz sprechen zu lassen?

Jeshua hatte nie etwas anderes getan als den befreienden Atem aus Ihm zu befreien. Das war Sein "Unrecht" gewesen, und jetzt war es unseres geworden. Es war ein Wind der Zersetzung. Wenn wir ihn geerbt hatten, hieß das dann, dass es uns letztlich gelungen war, Sein Wort weiterzugeben? Dieser Gedanke allein war schon furchterregend, denn je mehr man sich also dem Meister näherte, umso mehr ging man offenbar auch dieselben Risiken ein wie Er. Man missfiel denen, die Seele und Körper unterjochen.

Jakobea saß mit hochgezogenen Knien in einem Winkel unseres Verlieses und schwankte zwischen unermesslichem Schmerz und stummem Zorn. Was mich betrifft, wusste ich nicht so recht ... Wenn wir die Ordnung der Römer störten, war das doch eigentlich ein gutes Zeichen, aber war ich, waren wir bereit zu leiden? Forderte der Atem das wirklich von allen, die sich von Ihm formen ließen? Ich wollte es nicht glauben. Das war doch verrückt ...

Am nächsten Tag brachte man uns in einen großen Raum, an dessen Ende ein Mann in einer weißen Toga etwas an einem Tisch schrieb, auf dem sich Schriftrollen stapelten. Als wir von zwei Wächtern in seine Richtung geschubst wurden, hob er kaum den Kopf. Er blickte müde drein, und seine leicht abfallende Unterlippe verlieh ihm ein verächtliches Aussehen.

"Ja?", fragte er beiläufig, als würden wir kommen, um ihn etwas zu fragen. "Was gibt es?"

Überrascht blickten Jakobea und ich uns an. Es musste ihm erst einer der bewaffneten Männer hinter uns einige Worte in ihrer Sprache sagen. Sicherlich, um mitzuteilen, woher wir kamen und was man uns vorwarf.

"Ah?", machte der Römer hinter seinem Tisch. "Ist das wahr? Antwortet ..."

Aber was antworten, wenn man nichts verstanden hat? Zwar sprach er unsere neue Sprache einigermaßen gut, aber wir kannten die Sprache Roms überhaupt nicht, abgesehen von ein paar Ausdrücken, die wir in Jerusalem oder Genezareth aufgeschnappt hatten.

"Wahr, was?"
"Man sagt, dass ihr Magie ausübt wie die Nazarener oder Galiläer, dass ihr wie sie sprecht. Kennt ihr sie? Kommt ihr von dort?"

Ausnahmsweise war ich einmal schneller als Jakobea.

"Wir heilen hier und da in den Dörfern. Es gibt immer Verletzte oder Kranke. Wir kennen uns mit Heilkräutern aus, aber wenn man heilt, spricht man öfter einmal von Frieden und Sanftmut, gewiss. Man schenkt Hoffnung. Wie soll das schaden? Wir sind nur zwei Frauen und wissen nichts von Magie und Hexerei ..."

"Ah ... Und kennt ihr die Crestos? Dieser Name geht gerade in Rom um, scheint es. Sagt euch das irgendetwas? Einige von euch sollen wohl Fische zeichnen, um sich dann zu versammeln ..."
"Nein, überhaupt nicht ..."

Und ich sagte die Wahrheit. Crestos[29] – es war das allererste Mal, dass ich diesen Namen hörte. Und Fische zeichneten wir zwar bei uns nicht, aber sie erinnerten durchaus an Jeshua und unseren See.

"Nein, wir wissen nicht, wer sie sind", kam Jakobea mir eilends zuvor. "Warum die Frage? Was haben wir getan?"

Zum ersten Mal hob der römische Würdenträger richtig den Kopf und betrachtete uns. Ich fand, dass er nicht wirklich böse aussah. Er ließ sogar ein kleines Lächeln erkennen.

---

[29] Etwa um das Jahr 50 herum begann man in Rom so die "Galiläer" zu bezeichnen, das heißt die ersten Christen, die gegen das Römische Reich rebellierten und oftmals mit den Zeloten gleichgesetzt wurden.

War es Mitleid, weil er sah, wie ärmlich unsere Kleidung und zerzaust unser Haar war? Wahrscheinlich war es so.

Er richtete trocken einige Worte an die beiden Soldaten hinter uns, und kurz darauf befanden wir uns wieder im Freien, fassungslos, was uns in so kurzer Zeit widerfahren war. Ich weiß noch, dass ich einen leichten Stoß in den Rücken bekam und mich sofort umdrehte. Ein Wächter hatte mich mit seinem Holzschild geschubst, um uns zu bedeuten, uns davonzuscheren.

Jakobea ergriff meinen Arm. Ich fühlte, dass sie zitterte, aber trotzdem hatte sie wohl mehr Energie als ich, denn sie zog mich ein ganzes Stück weit von den Mauern weg, aus denen wir gerade getreten waren, um zwischen den Verkaufsständen eines kleinen, lebhaften Marktes zu verschwinden. Argwöhnische Blicke folgten uns.

Jetzt hatten wir nur noch eines im Sinn: den Weg zurück zu unserem Dorf zu finden. Das war nicht schwierig, wir mussten nur dem Wasserlauf folgen und an einer Stelle, wo sich immer viele Wildpferde aufhielten, leicht nach Westen abbiegen. Aber ich konnte nicht so schnell laufen wie Jakobea. Zu viele Gedanken schwirrten mir im Kopf herum.

Was hatte all das zu bedeuten? War es eine Bewährungsprobe, die Awoun uns geschickt hatte? Konfrontierte Jeshua uns mit unserer Verpflichtung und unserem Schicksal? Aber es war zu einfach, sich immer auf sie zu berufen, um die Ereignisse in unserem Leben zu erklären. Wir hatten unseren eigenen Weg und waren für ihn verantwortlich, ohne anderswo als in uns selbst suchen zu müssen.

Ich wollte mit meiner Seelenschwester darüber sprechen, deren Kehle immer noch wie zugeschnürt war. Ich dachte laut an eine Unterweisung Jeshuas, die wir auf dem Weg von Bethsaida nach Kafarnaum erhalten hatten, als Antwort auf eine Äußerung von Andreas. In dieser Zeit seines Lebens wollte er, dass alles immer bis ins kleinste Detail von Jeshua bestimmt wurde, sodass jedes davon zu einem "Zeichen" wurde.

"'Meine Freunde ... Es ist eine Gewissheit, dass alles miteinander verbunden ist und einer tiefen Absicht in dieser Welt entspricht. Es gibt nichts, was nicht die Folge von etwas anderem ist. Doch hört auf, alles immer zu meinem Vater oder zu mir zurückzuverfolgen, wenn ihr irgendetwas erlebt. Wenn ihr über einen Stein stolpert, seid ihr nicht groß genug, um selbst die Ursache dafür zu sein? Wenn ein anderer euch schlägt, denkt ihr dann, dass Awoun der erste Grund dafür ist, um euch etwas zu lehren? Hört auch auf, immer wieder zu sagen: 'Der Meister hat gesagt, dass ... Der Ewige will es, weil ... Es ist dem Rabbi zu verdanken, wenn ...'

Und lebt ihr denn nicht selbst? Seht euch an ... Ihr ganz zuerst erschafft euer Leben, mit all seinen Freuden und Prüfungen. Das Göttliche kommt nur zu euch, um euch das verstehen zu machen, und nicht, um alles anzuordnen, was an jedem neuen Tag geschieht.

Und das Göttliche ist der Atem in euch, keine Macht außerhalb von euch. Alles, was ihr erlebt, seid ihr, die ihr ihn gerufen habt. Ich kann nur sein Offenbarer sein, auch wenn ihr selbst Ohren und Augen habt. Daher habe ich niemals irgendetwas gesagt oder getan, das nicht auf euren Durst und Hunger nach einem Licht antwortet, das unablässig größer wird.'"

Kurz darauf erstreckte sich der blaue Streifen des Meeres vor uns, und die vertrauten Geräusche unseres Dorfes stiegen zu uns hinauf. Fischer, die gerade damit beschäftigt waren, ihre Netze am Hauptsteg zu reparieren, bemerkten uns als Erste und benachrichtigten die anderen.

Aufregung, Rufe, Tränen und ausgestreckte Arme begrüßten uns. Dann lebten wir also, die Römer hatten uns geschont. Alle sagten, dass sie zu Belisama und dem *Stein mit den großen Ohren* gebetet hatten, dass wir heil und gesund zurückkehren mögen ... Ihre Gebete waren erhört worden!

Mit mehr denn je zerfetzten Kleidern, zerzaustem Haar, staubbeschmutzten Gesichtern, blutenden Knien und geschundenen Handgelenken ließen Jakobea und ich uns zu Boden fallen.

Wir verstanden nicht, warum die Römer zu uns gekommen waren, zwei Frauen, die die Dorfbewohner heilten, ohne irgendjemandem ihren Glauben aufdrängen zu wollen. Wer hatte sie auf uns aufmerksam gemacht, um irgendeinem Verdacht nachzugehen? Einer von ihnen? Unsere neue Familie war erleichtert, uns zu sehen, aber aufgebracht. Doch nach unserem Marsch und all den Ängsten und Sorgen waren Jakobea und ich sehr geschwächt und wollten nur noch ausruhen.

Fragen, Antworten, Bedenken, für all das war später noch Zeit ... Es war einfach zu viel Lärm um uns herum. Uns wurde übel davon, und er verschlimmerte nur die Entrüstung, die in uns brodelte.

Betua, Subrona und ein paar andere Dorfbewohnerinnen brachten uns Wasser, um uns zu waschen, saubere Kleider und etwas Fischsuppe. Dann reinigte Subrona unsere Schrammen und trug eine Salbe auf, damit sich nichts entzündete, während ihre Mutter uns einen Rosmarinaufguss reichte.

"Wir werden euch nun allein lassen", murmelte Betua. "Der Schlaf wird erholsam sein, und dann ... Nun, nach eurer Ruhepause möchte Olovico gerne alleine mit euch und einigen Fischern darüber sprechen, was geschehen ist. Wir haben nachgedacht, und ... wir hegen einen Verdacht."

Einen Verdacht? Das war kein harmloses Wort. Dann dachten sie also, wir wollten andere schädigen? Aber wie auch immer ... für den Moment wollten wir nur ein bisschen Ruhe und Frieden. Unsere Erlebnisse steckten uns noch zu sehr in den Knochen. Niemals hätten wir uns vorstellen können, so etwas durchzumachen!

Wir hatten das Ufer unseres Sees und unsere Lieben verlassen, gehofft, die Römer vergessen zu können, und fanden sie genauso geringschätzig und bedrohlich auch hier wieder. Warum hatten wir eigentlich diesen ganzen Weg zurückgelegt? Wusste Jeshua, dass uns so unser ganzes Leben lang die Angst verfolgen würde? Es war so schmerzlich, dass wir nicht einmal mehr daran denken wollten ...

Jakobea und ich fielen in einen unruhigen Schlaf. So unruhig, dass ich mich erinnere, kaum geschlafen zu haben, ständig hin und her gerissen zwischen widersprüchlichen Gefühlen ...

Am Tag darauf erwartete Olovico uns am Meer mit einigen Fischern, die wir gut kannten, darunter ein älterer Mann mit sehr freundlichen Augen namens Candius, der sich anscheinend schon seit einiger Zeit Jakobea nähern wollte. Er war aus einer benachbarten Ansiedlung und hatte einen Sohn, der Fischer wie er war.

Ich suchte Jakobeas Augen ... Sie musterte ihn unauffällig, aber intensiv. Offenkundig war es ihr nicht gleichgültig. Jakobea stand immer noch sehr unter dem Schock unserer Erlebnisse. Ich vermutete, dass die tröstliche Gegenwart eines Mannes, der sich für sie interessierte, beruhigend für sie sein musste. Sie erwiderte meinen Blick und lächelte mich schüchtern an, als wäre sie ein wenig verlegen. Das sah ihr gar nicht ähnlich. Ich verstand ...

Nachdem Olovico um den wahren Grund unserer diskreten Zusammenkunft herumgeredet und seine Sorge um unser Befinden geäußert hatte, beschloss ich, das Wort zu ergreifen, da ich nur noch eines wollte: dass es vorbei war. Ich war alles leid!

"Olovico, deine Ehefrau hat uns gestern Abend anvertraut, dass ihr einen Verdacht habt. Denkt ihr dabei an eine Beschuldigung, an die Absicht, uns wehzutun?"

Eine Möwe kreischte, streifte fast unsere Köpfe, als wollte sie uns eine frische Brise vom offenen Meer bringen, Wind aus hohen Gefilden.

"Ja, Shlomit", fuhr Olovico fort. "Es ist immer schwierig, über solche Sachen zu reden. Es geht das Gerücht, dass Coria, die seit eurer Ankunft hier jedenfalls an Einfluss verloren hat, zu einigen Listen gegriffen hat, damit die Soldaten sich für euch und euren Lehrer interessieren. Ob das wahr ist, weiß ich nicht, aber ... einige sagen, dass sie Beweise dafür haben. Angeblich hat man sie vor nicht allzu langer Zeit nach Arelate gehen sehen."

"Coria? Warum sollte sie so bösartig sein? Das kann ich nicht glauben. Wir haben uns immer gewünscht, dass sie ihrer Arbeit nachgeht und sogar, dass sie sich uns anschließt. Zunächst einmal ist sie doch hier zu Hause, und ... ist Heilung nicht auch Versöhnung?"

"Offenbar ist ihre Eifersucht größer als ihre Gabe", antwortete ein Mann aus der kleinen Gruppe, den ich nicht kannte.

Nun mischte Jakobea sich ziemlich aufgebracht ein.
"Ist das wirklich so? Wenn das wahr ist, was würden diese Machenschaften dann bedeuten? Müssten wir aus dem Dorf fliehen und alles Coria überlassen? Was auch geschehen sein mag, wir haben keine Lust, immer 'auf der Hut' zu sein, sobald irgendein Pferd oder Fremder in der Gegend auftaucht. Wisst ihr, wenn wir fortgehen müssen, dann gehen wir fort. Wir sind nur zwei Frauen, und ihr konntet wahrscheinlich nicht auf unsere Verhaftung reagieren, aber wir wollen in unserem ganzen Leben nicht noch einmal der Gnade der Römer ausgeliefert sein."

"Es ist sehr schwierig, sich den Römern zu widersetzen, Jakobea", antwortete Betua. "Sie zögern nicht, alles zu zerstören, wenn man sich ihren Forderungen nicht beugt. Wir möchten unser Dorf nicht in Schutt und Asche sehen. Versteh uns, auch wir haben Angst."

"Gewiss, Betua, Hör mir zu, wir kommen von so weit her ... Sarah ist fortgegangen, ich weiß nicht, wohin. Sie hat uns verlassen, ohne jemandem Bescheid zu geben. Ihr wisst, dass ihr unsere einzige Familie seid, ganz zu schweigen von unserer tiefen Zuneigung für Subrona, die gerade so gut unsere 'Art zu heilen' erlernt und sie später weitergeben wird. Euer Dorf ist nun unser Heimathafen auf dieser Erde. Wir sind euch sehr dankbar, und eure Ufer sind unsere geworden. Aber niemals, niemals werden wir uns euch aufdrängen."

Olovico ergriff wieder das Wort und hieß die Fischer schweigen, die befürchteten, dass man uns zwingen würde zu gehen. Für sie war das undenkbar und ungerecht. Es war ein Geben und Nehmen, und wir gehörten nun zu ihrem Volk. Das stand für sie außer Frage!

"Nun", fuhr Olovico fort, "wir werden versuchen herauszufinden, wer so feige gehandelt hat und uns noch dazu alle in Gefahr gebracht und uns Schmerz zugefügt hat. Ihr gehört zu uns. Niemand hier will, dass ihr fortgeht. Als Anführer des Dorfes bitte ich euch zu bleiben und uns zu vertrauen. Ich glaube kaum, dass die Römer euch weitersuchen werden, da sie euch ja schnell wieder freigelassen haben. Wir werden euch beschützen. Sie haben uns nur überrascht. Wir werden wachsam sein und uns das nicht noch einmal gefallen lassen, selbst wenn wir dafür unsere Schwerter und Äxte hervorholen müssen."

"Nein, nein ... Das darf nicht wieder von vorn anfangen! Nicht das!"

Jakobea und ich hatten gerade gleichzeitig dasselbe gerufen. *Nein, nicht das!* Musste Jeshuas Ruf nach Frieden und Liebe eigentlich immer zu Gewalt führen, wo er auch erschallte? Das war doch völlig widersinnig. Waren die Herzen der Menschen für immer vergiftet?

Aber Olovico und die anderen hörten unseren Ruf gar nicht. Ihr Bedürfnis nach Auflehnung gegen die Römer war stärker als alles andere und einte sie.

Überall auf den Gesichtern war ein Lächeln zu sehen, sie waren froh über den Ausgang des Gesprächs. Wie so oft, waren die Bande zwischen den Männern durch Widrigkeiten stärker geworden.

Im ganzen Dorf schienen selbst die Hunde fröhlich zu bellen, die Kinder begannen wieder zu spielen, und die Frauen garten wieder Fisch oder webten. Man spürte die Erleichterung, und das Leben schien wieder seinen gewohnten Gang nehmen zu wollen.

In den Herzen war wieder mehr Frieden eingekehrt, doch es kamen auch Zweifel auf. "*Ein bisschen Seelenruhe ja, aber für wie lange?*", fragte ich mich. Aber wie auch immer, Jakobea und ich mussten voranschreiten und *Das* fortsetzen, wofür wir hierhergekommen waren. Es musste sein, denn welche Hindernisse es auch gab, wir konnten nicht die Augen vor dem Atem verschließen, der uns trug.

Zumindest dachte ich so. Was Jakobea betraf, so wusste ich nicht mehr, was sie sich abgesehen von Frieden und Ruhe eigentlich wünschte. Etwas hilflos suchte ich ihren Blick ...

Sie saß am Strand und lächelte Candius zärtlich zu, der erleichtert zu sein schien, dass sie in unserem Dorf zwischen den Gewässern geblieben war. Sehr unauffällig nahm er ihre Hand, und Jakobea erzählte ihm irgendetwas. Es war so einfach für sie zu sprechen, Kontakte zu knüpfen ... und wahrscheinlich auch, sich verführen zu lassen.

"Wundere dich nicht", sagte ich mir, als ich sie beide so sah ... *"Wer braucht denn keine Liebe? Ich? Habe ich mich schon wieder den Männern verschlossen? Männliche Annäherungsversuche gibt es hier jedenfalls genug ... Aber ich bin immer geflüchtet und ausgewichen."*

In meinem Bauch hatte ich ein Anliegen geehelicht. Und in meinem Herzen war kein Platz für eine andere Gegenwart als Die des Meisters ...

War ich immer viel zu sehr bei der Sache? Jakobea sagte oft zu mir, dass es für mich nur Schwarz oder Weiß gab, niemals Schattierungen oder Zwischentöne. Sie hatte recht. Ich brannte, aber wie lange noch? Feuer ohne Luft brennt nicht lange.

Unser Leben verlief weiter im Rhythmus unseres Alltags, wir verbanden Wunden, behandelten Körper und sprachen zu fragenden Seelen. Das ging so einen Mond lang, bis eines Tages Olovico gefolgt von ein paar Männern zu uns kam, die ihm bei seiner Arbeit als Anführer unterstützten, um uns zu benachrichtigen, dass Coria "ertrunken" in einem Sumpf nicht weit vom Dorf entfernt gefunden worden war. Ihrer Ansicht nach hatte wahrscheinlich jemand ihren möglichen Verrat nicht akzeptiert.

Jakobea und ich blickten uns entsetzt an. Die Männer bemerkten noch, dass es nichts nützen würde, einen Schuldigen zu suchen, und eilten davon.

All das tat mir weh, und ich vertraute es Jakobea an, damit es mich nicht innerlich auffraß.

"Sieh nur, meine Schwester ... Selbst die Lehre Jeshuas und der Atem, der aus ihr spricht, können zu allen möglichen Handlungsweisen, Unarten und Nichtigkeiten führen, bis hin zum Mord. Sieh doch, wie das Licht unweigerlich den Schatten anzieht und bewirkt, dass er sich offenbart und noch dunkler wird! Haben wir das herbeigeführt, weil wir unbedingt Seine Macht teilen wollten?"

Jakobea blieb stumm, sie war genauso besorgt wie ich.

Die Verkündigung von Corias Tod und die Tat, die sicher dahinterstand, beunruhigten uns mehr, als wir für möglich gehalten hätten. Vor lauter Sorge hinterfragten wir alles, was wir im Land Kal bisher unternommen hatten. Wir hatten gehofft, Sein Nährboden zu sein, eine mögliche Inkarnation Seines Lichtes. Der Meister hatte uns gesagt, dass der einzige

Weg voran die Liebe war, und nun lösten wir anscheinend schon Mordgedanken aus.

"Ach, Jakobea", rief ich, "was haben wir bloß falsch gemacht?"

Am übernächsten Morgen trat meine Seelenschwester auf mich zu ... Sie blickte verlegen drein.

"Shlomit, ich habe dir schon seit einiger Zeit etwas zu sagen ... Es ist sehr schwierig für mich, dir das mitzuteilen, aber es ist einfach zu wichtig."

"Nun, sprich", antwortete ich etwas trocken und spürte einen Stich in der Brust. "Ist es Candius? Du bist verliebt, nicht wahr? Glaubst du, ich bin blind, Jakobea? Seit einigen Monaten benimmst du dich wie ein verträumtes junges Mädchen. Du gehst ständig zum Feuer am Strand und kommst erst spät zurück ..."

"Ich gehe morgen fort, Shlomit ... Ich habe es einfach nicht geschafft, es dir zu sagen. Ich werde mit Candius im Nachbardorf leben. Ich liebe ihn, und es geht mir gut mit dieser Liebe."

Ich konnte keinen klaren Gedanken mehr fassen. Ich starrte auf meine zitternden Hände. Diese Hände, die definitiv mit der Gabe verheiratet waren, die Jeshua darin hatte entstehen lassen ... Nein, nicht entstehen lassen, hatte er mir zu verstehen gegeben, sondern aus der Vergessenheit erweckt.

Die Luft in unserer Hütte war schwer, man hätte sogar meinen können, dass die Vögel plötzlich still geworden waren ... Nur das ferne Geräusch der Brandung war in einem fort zu hören, wie um mir Worte entgegenzuschleudern, die ich nicht hören wollte.

"Ja, Shlomit, genau das musst du durchleben", dachte ich. *"Nun bist du allein, allein wie Martha. Was wirst du nun mit dem Atem machen? Ist jetzt alles zu Ende?"*

Allein die Vorstellung, dass alles nun so enden sollte, riss einen tiefen Abgrund in meine Seele. Eine Kluft ähnlich der, die mich einst jeden Morgen am Ufer des Sees von Tiberias um Seine Hilfe hatte beten lassen ...

"Shlomit", stammelte Jakobea, "du bist ja wie erstarrt, du machst mir Sorgen. Die letzten Ereignisse waren einfach zu schmerzhaft für mich, genug, dass ich mir nun etwas von der Liebe zugestehen will, auf die ich ein Recht zu haben meine ... vor meinem Ende. Ich bin nicht mehr sehr jung, und Candius liebt mich. Ich möchte gerne friedlich mit einem Ehemann zusammenleben, ohne jeden Tag aufs Neue die Ankunft von Soldaten fürchten zu müssen, ohne mich verfolgt, beobachtet oder beneidet zu fühlen. Ich wünsche mir, eine kleine Fischersfrau zu sein, die glücklich über ihre Einfachheit ist. Genau das bietet mir Candius ... Natürlich werde ich weiter heilen, all das weiterführen, und ich werde dich besuchen kommen und mit dir über unsere schöne, vertraute Zeit an der Seite des Meisters sprechen. Ich gehe, aber ich gehe nicht fort. Es ist nicht weit entfernt ... Da drüben!"

Aus Sorge vor einer aufbrausenden Antwort sagte Jakobea nichts weiter.

"Du bist frei, Jakobea. Ich denke gar nichts mehr, versuche nur zu fühlen, denn ich kann nicht mehr atmen. Du kennst mich, ich mag es nicht zu reden und noch weniger zu urteilen. Urteilen erschöpft das Herz, es ist mir zuwider. Und was gibt es da überhaupt zu urteilen?

Ich glaube, ich werde mich von diesem Schreck erholen und meinen Weg auf den Straßen fortsetzen, um meine Hände und mein Herz immer noch etwas mehr wirken zu lassen. Heilung ist meine Zuflucht, Jakobea. Hast du das noch nicht verstanden?"

Jakobea wusste nicht, was sie sagen sollte, und ihre Erklärungen und Entschuldigungen machten mich ganz benommen ... Musste man wirklich zwischen Gehen und Fortgehen unterscheiden? Und vor allem, musste man sich dafür entschuldigen zu lieben?

"Hör auf, Jakobea ... Für den Moment muss ich all das akzeptieren. Deinen Fortgang, das Ende unserer 'Art zu heilen' und dieses *Das*, das du ausgesprochen hast und so viel aussagt. Du wolltest mich nicht leiden lassen, meine Schwester, das weiß ich, aber lass mich", stammelte ich tränenüberströmt. "Wir waren hier fast zehn Jahre lang glücklich ... das ist viel, während viele andere von uns bestimmt schon nicht mehr auf dieser Welt sind. Jetzt wünschst du dir ein anderes Leben, und wir wählen unser Leben selbst. Erinnere dich daran, was der Meister uns über den *Stachel der Wahl* gelehrt hat."

Nachdem Jakobea gegangen war, verkroch ich mich in meinem geflochtenen Bett und rief:

"Wo bist du, Rabbi? Hörst du nicht meinen Kummer, mein gebrochenes Herz? Was willst du von mir? Sag es! Beten? Aufstehen? Nicht kuschen? Vergessen ... Dich vergessen, Rabbi?"

Plötzlich war eine weibliche Stimme zu vernehmen ...

"Shlomit, Shlomit? Geht es dir gut? Du stöhnst ja! Ich mache mir Sorgen ..."

Die sanfte Subrona kniete neben mir, mit einer Hand auf meinen Schultern, die vom Weinen zuckten.

"Ich bin da ... Ich bin da, um zu bleiben, und ich werde dir immer folgen. Ich will den Atem weiterverbreiten, auch wenn mich die Jungen umschwärmen. Hast du nie überlegt, dass der Rabbi an all das gedacht hat, auch an diese Momente, Er, der sieht, über alles hinaus?

Die letzten Monate waren nicht einfach. Ruh dich aus, solange es sein muss. Keine Eile, denk an dich ..."

Es gefiel mir sehr, dass Subrona *"der sieht"* sagte ... Es bedeutete sehr viel.

Am Tag darauf blickten die Dorfbewohner Jakobea und Candius nach, wie sie am Meeresufer in Richtung ihres neuen Lebens im Nachbardorf gingen.

Kraftlos stand ich bei ihnen ... ohne eine Regung. Als ihre Gestalten zu kleinen Punkten am Horizont des Strandes geworden waren, kehrte ich zu meiner Hütte zurück.

"Immerhin", überlegte ich, "hat sie entschieden, sich ein wenig um ihren eigenen Tempel zu kümmern. Vielleicht hat sie ja recht ... wenn Recht überhaupt irgendetwas bedeutet."

12. Kapitel

"Trink deinen Kelch
nicht nur zur Hälfte"

Und so musste ich mich an ein neues Leben gewöhnen ... wieder einmal. Wenn man sich fest entschlossen hat, das Licht des Geistes zu empfangen und keine Mühen zu scheuen, um es selbst weiterzugeben, ist es wohl so, dass es niemals aufhört. Man kann nicht einfach sagen: *"Nun, ich habe einen Baum gepflanzt, er ist gewachsen, jetzt werde ich mich an seinen Stamm lehnen."*

Das ist unmöglich, denn dann kommt ein Windstoß auf, wenn nicht gar ein Sturm, um uns begreiflich zu machen, dass der Atem uns immer weitertreiben will. So ist es, es gibt immer wieder neue innere Länder zu erschließen!

Ich glaubte, das Land der Einsamkeit durchquert zu haben, aber das stimmte nicht, denn das Gefühl der Einsamkeit kann viele Gesichter haben!

In dieser Zeit rief ich mir oft den Tag ins Gedächtnis, als Jeshua zu uns gesagt hatte, dass er Olivenbäume besonders mochte, weil sie langsam wachsen und genau das die Schönheit ihres Holzes ausmacht, worin man die redseligen

Runzeln ihres Lebens ablesen kann. Er hatte hinzugefügt, dass er sie auch sehr gern hatte, weil ihre Früchte nicht nur ein köstlicher Schatz sind, sondern sich auch der Mühle hingeben, um ein Gleichgewicht zwischen Sonne und Wasser herzustellen: das Öl.

Tatsächlich liebte er den Olivenbaum, weil er sich ganz und gar hingibt, nachdem er sich in den trockensten Böden festgeklammert hat.

Mir selbst schien es, als sei ich an einem Punkt angelangt, an dem ich mich mit dem Olivenbaum verwandt fühlte ... Ein kleiner Olivenbaum gewiss, aus dem das Leben aber bereits ohne allzu viel Schonung Früchte presste.

Oh, ich kannte diese Weisheit nur zu gut, der zufolge immer denen viel abverlangt wird, die viel geben können. Ich kannte sie gut, aber ich war müde in meinem Körper und in meiner Seele, und Jakobeas Fortgang hatte mich orientierungslos gemacht. Es war ein bisschen, als fühlte ich mich von einem Teil meiner selbst amputiert. Meine Schwester und ich hatten so viel gemeinsam erlebt, durchgemacht, geweint und gelacht! Und vor allem so viel zu lieben gelernt.

Ich weiß, dass ich einen halben Mond brauchte, um mich von etwas zu erholen, das große Ähnlichkeit mit Trauer hatte ...

Ich war Jakobea nicht böse, denn ich wusste, dass sie weiter Wunden verband und die Güte des Meisters sprechen ließ. Es war in ihre Seele eingraviert wie in meine. Dennoch hatte ich immer so sehr gedacht, dass unsere Vertrautheit unsere ganze Stärke ausmachte, dass ich nun nicht mehr wusste, was ich von dieser neuen Prüfung und der Einsamkeit halten sollte, die ich zähmen lernen musste.

Eines Morgens beim Aufwachen fühlte ich mich von einer seltsamen Welle der Sinnlichkeit überspült, mit der Erinnerung an das Gesicht eines Mannes, der mir aus einem Traum erschien. Er hatte ein Gesicht, das mir bekannt vorkam, aber das ich nicht zuordnen konnte. War es ein Gesicht aus einer anderen Zeit, einem anderen Leben?

Ganz gewiss ... denn manchmal können sich jenseits der geradlinigen Zeit liebende Seelen wiederfinden, sich begehren und sich sogar in ihren Nächten begegnen. Es ist das Mysterium der Seelen, die sich einmal geliebt haben. Wenn das so war, woher kam dann diese Seele? Hatte meine Einsamkeit sie gerufen? Ich wusste, dass es keine Grenzen für eine Seele gibt, die zu ihrer geliebten Seele will, und wenn auch nur für einen kurzen Moment, sogar ins Reich der Toten.

Jene, die sich einst liebten, begegnen sich auf ewig, hatte uns Jeshua einmal gesagt ... Es geschah durch etwas, das er "Seele der Sinne" nannte, eine Verlängerung unseres Wesens, die uns einer extrem subtilen Intelligenz folgend wie ein heiliger Faden über alles hinweg vereint. Trennung war also eine Erfindung menschlicher Unwissenheit. In Wahrheit existierte sie im Unendlichen nicht. Sie war auch eine von der Lebenswelle geschaffene Gelegenheit, uns wachsen zu lassen ... das wiederkehrende Muster eines langen Weges, der sich durch abertausende Geschichten zog, solange unsere Seele sich nicht von der Last ihres Ichs und einer Vielzahl von Inkarnationsmasken befreit hatte.

Es gab so viel zu verstehen, zu lernen, zu meistern ... Unsere Reisen von Leben zu Leben waren genauso viele Wegstrecken, um uns aus der Vergessenheit hinaustreten zu lassen und die durchtrennten Fäden in uns wiederherzustellen und neu zu knüpfen ...

So trug jeder seine Lektion, die er lernen musste, seine Geheimnisse und seine Mysterien in sich.

Meinem Naturell entsprechend lebte ich öfter in wehmütigen Erinnerungen als in der Gegenwart. Diesen Zustand musste ich akzeptieren, er war Teil meiner Möglichkeiten, den Unsichtbaren wiederzufinden.

Einst hatte der Meister mich gelehrt, was er *"die Aufhebung der Aura"* nannte, eine Art, zwischen die Schleier des Lichtes unserer Welt zu kriechen und sich dem menschlichen Auge zu entziehen. Für mich war das gewissermaßen eine Art zu fliegen ... und auch zu entfliehen, Verboten zu trotzen oder was ich dafürhielt. Was ich nur als Traum betrachten wollte, war redselig ...

Nun, war mein sinnliches Erwachen ein Weckruf, um demselben Weg zu folgen wie Jakobea? Musste ich aufhören, die Blinde zu spielen, wie ich es seit einigen Jahren gegenüber einigen Männern im Dorf tat? Jakobea hatte sich darüber amüsiert ...

Nein, in meinem Herzen gab es wahrhaftig keinen Platz mehr zwischen Zebedäus' gütigem Verständnis und Jeshuas Kristall, der niemals aufhören würde, darin zu pulsieren …

Hätte ich mein Leben mit einem Ehegatten geteilt, ihm Essen zubereitet, ihm Kleidung gewebt und Weizen geerntet, so wäre ich bei aller Liebe doch erstickt. Ich hätte meinen Atem dabei verloren, ich wusste es, nicht weil man ihn sich in einem Eheleben nicht bewahren konnte, sondern weil ich nicht dazu fähig war. Ich widmete mich ganz und gar der Weitergabe dieses Schatzes, der dafür sorgte, dass mein Leben im Land Kal Sinn ergab.

Und so nahm ich alle meine Kräfte zusammen und begann wieder zu heilen, mich hierhin und dorthin zu begeben, oft in Begleitung von Subrona, und die schönsten Erinnerungen an den Meister wachzurufen in der Hoffnung, dass Er ein wenig durch mich sprechen würde. War das Anmaßung oder Ausdruck eines berechtigten Wunsches?

Nur das gab es, und indem ich mich diesem "Das" hingab, stieg allmählich neue Freude in mir auf. Eine Freude, die aus einer Unabhängigkeit entstand, die ich nie zuvor gekannt hatte. Ich war wieder die einzelgängerische, nachdenkliche Shlomit von einst, aber mit neuer Stärke. Eine Frau, die nichts mehr erwartete und vollkommen losgelassen hatte, was auch immer geschehen mochte. Die Stille brachte mir so viel Frieden und Seelenruhe! War es so, frei zu sein?

Wie versprochen kam Jakobea regelmäßig zurück ins Dorf, dann gab es immer viele Umarmungen und Tränen. Wir erzählten uns unsere Hoffnungen und Enttäuschungen. Wir entwickelten uns beide weiter, aber auf unterschiedliche Weise. Meist kam sie mit Candius über den Strand. Manchmal begegneten wir uns auch zufällig alleine auf einem Weg inmitten der Teiche und kleinen Weizenfelder.

Ich betete viel in dieser Zeit, denn als ich sah, was ganz augenscheinlich Jakobeas Glück war, sagte ich mir, dass ich zwar meine Seelenruhe gefunden hatte, aber meine schmerzvolle Jugend weiter eine Last für mich war. Ich blieb weiter in der Falle der Trennung des Menschlichen und Göttlichen gefangen. Trotzdem konnte ich in Frieden meine innere Spaltung betrachten, die Verneinung des Tempels meines Fleisches ...

"Der Körper ist nicht schmutzig", sagte ich mir, *"gewiss, aber wenn ich niemanden habe, der mehr ist als menschlich und mit dem ich seine Erfüllung vollkommen leben kann ... dann lebe ich nicht in der Spaltung, sondern im Respekt meines Herzens."*

Es war eine süße Falle.

Eines Abends kam mir die Idee, dass genau darin vielleicht einfach der Weg lag, den ich gehen musste, und dass nichts Falsches daran war. Es war meine Wahl. Ich musste sie nur vollkommen annehmen und mich vor allem gut mit meinem Weg fühlen ... Ich war so ganz!

Hatte Jeshua nicht mehr als einmal diese anspruchsvolle Wahrheit gelehrt: *"Wenn du einen Kelch trinken willst, trink ihn nicht nur zur Hälfte. So kannst du, was auch immer der Nektar oder der schlechte Wein darin ist, jeden wirklich kennenlernen, wie er ist, statt nur sinnlos darüber zu reden."*

Eines Abends auf dem Rückweg von meinem Teich verspürte ich das dringende Bedürfnis, noch ein paar Schritte mehr zu tun, bevor ich in meine Hütte und meine geliebte Einsamkeit zurückkehrte. Ich musste unbedingt zum *Stein mit den großen Ohren*, der in unserem Dorf errichtet worden war.

Ich fand ihn mit Blüten und verschiedenen Opfergaben geschmückt, um Heilung zu erbitten oder ein Gebet zu begleiten. Das brachte mich zum Nachdenken.

Seit ewig langer Zeit waren in dieser Gegend so viele verschiedene Glaubensüberzeugungen und Kulte entstanden! Ich hatte den Kult von Belisama kennengelernt, von weiteren hatte man mir erzählt, und hier nun war der Kult, der Jeshua gewidmet war ...

Würde Er, der Seinen Abdruck in mir hinterlassen hatte, einfach zu einem Gott unter ihren Göttern werden? Aber war das überhaupt so wichtig? War es an mir, darüber zu urteilen, wie die Menschen dieser Gegend den Lebensatem verehrten, und vor allem, von ihnen eine Trennung zwischen Jeshua und ihren altüberlieferten Gottheiten zu verlangen?

Der Meister hatte uns gesagt, dass uns weder Hochmut noch ein Überlegenheitsgefühl dazu verleiten sollten, angestrengt alles kontrollieren zu wollen. Er lud uns ein, uns in die natürliche Bewegung der Ausdehnung des Lebens sinken zu lassen, denn jeder hatte seine persönliche Achse, die ihn ganz allmählich in seine eigene Senkrechte bringen würde. Und immer wieder sagte er, dass die Essenz Awouns, seines Vaters, *unseres* Vaters, bis in alle Ewigkeit in unseren Herzen wohnte und es nicht wichtig war, welches Gesicht man Ihm geben wollte.

Wir alle waren Bäume mit denselben Wurzeln tief im Unendlichen.

Und außerdem – was war denn die Wahrheit? Vor dem *Stein mit den großen Ohren* sitzend dachte ich daran, wie Johannes uns daran erinnert hatte, dass der Meister davon sprach wie von einer Landschaft, die man allmählich entdeckt und deren Horizont sich unaufhörlich erweitert. Er sagte:

"Wenn du jeden mit seiner Definition von Wahrheit in eine kleine Kiste sperrst, dann blockierst du dich in deiner Beurteilung selbst. Wenn du nichts und niemandem die Möglichkeit lässt, sich zu verändern, also überzufließen, dann erstickst du. Zäune schützen uns nicht, sie kerkern uns ein ..."[30]

Ich fühlte, wie sich ein Lächeln auf meinen Lippen abzeichnete, und legte einige Ginsterblüten und Rosmarinzweige, die ich auf dem Weg gesammelt hatte, am Fuße des flachen Steins nieder. Auch ich konnte dort eine Opfergabe ablegen und ein Gebet sprechen.

---

[30] S. Daniel Meurois: "Ce clou que j'ai enfoncé"; Erscheint zu einem späteren Zeitpunkt beim Silberschnur Verlag

Auch wenn ich es nicht sofort verstand, lehrte der *Stein mit den großen Ohren* mich an jenem Abend auf seine Weise Nachgiebigkeit. Er lebte, weil er verehrt wurde.

Am Morgen darauf ging ich gerade am Strand mit der mondlichtfarbenen Hündin spazieren, die Subrona mir geschenkt hatte, als ich plötzlich Jakobea erblickte. Seit einiger Zeit begegnete ich ihr immer öfter, und ich muss sagen, dass dies der Hauptgrund war, warum ich mir angewöhnt hatte, immer ungefähr zur selben Zeit meine kleine Begleiterin am Strand spazieren zu führen ...

Unsere Begegnungen waren immer freundlich, oft wehmütig, aber diesmal hatte meine Seelenschwester ein angespanntes, sorgenvolles Gesicht, das von irgendetwas bedrückt schien.

"Was ist mit dir? Du siehst so traurig aus ... Ist Candius heute nicht da? Es kommt nur selten vor, dass er dich alleine kommen lässt ... oder du ohne ihn hierherkommst. Ist er im Meer?"

Meine junge Hündin zog an Jakobeas Schal, um ihre Aufmerksamkeit zu erregen und auf diese Weise an die Fladen zu kommen, die sie in ihrem alten Leinenbeutel wusste.

Jakobea beugte sich hinunter, um meiner kleinen Freundin den Kopf zu streicheln, und antwortete:

"Ja, du hast gut in mir gelesen, Shlomit, ich bin durcheinander ... Ich wollte mit dir darüber reden ... Mein Herz

225

zweifelt, und ich wage nicht, es irgendjemandem im Dorf zu sagen."

"Du bist durcheinander? Sag mir nicht, dass der Atem in dir vergeht ..."

"Das ist es nicht ... So schlimm ist es nicht, Shlomit. Vielleicht ist es nur ein schlechter Moment, den ich durchleben muss. Mich überkommen Zweifel, die mich daran hindern, auf meinem Weg klar zu sehen. Das tut weh. Die ganze Stimmung und ..."

"... und was? Ich habe dich schon sehr lange nicht mehr so aufgewühlt gesehen."

"Sieht man mir das so sehr an?", antwortete Jakobea und zog sich den Schleier noch weiter über die Augen und die sorgenvolle Stirn.

"Jeder in unserem Dorf, der dein Lächeln und deine Lebendigkeit kennt, würde sich fragen, was du wohl gerade durchmachst. Bist du krank? Oder Candius?"

"Nein, nein ... Es ist Langeweile, vermute ich. Du weißt, meine Tage bestehen so gut wie immer daraus, Wasser aus dem Brunnen zu holen, die Hütte aufzuräumen, Früchte zu sammeln, wenn welche zu finden sind, Fisch und Suppe zuzubereiten und hundert andere Dinge ... Ich bin schon seit Langem nicht mehr dafür gemacht. Ich bin nicht wie diese Fischersfrauen, die nur diesen einen Horizont haben, der genug für ihr ganzes Leben ist. Und schließlich ... bin ich nicht die Ehefrau, wie Candius sie sich erhofft hat ... Ich hatte mich dem Atem gewidmet ... wie du."

"Aber wolltest du nicht genau so leben? Zurück ins friedliche, ruhige Leben einer Ehefrau? Du sagtest mir, dass du Candius so sehr liebst. Lässt die Liebe uns nicht vieles akzeptieren und auf anderes verzichten?"

"Auf anderes verzichten? Bist das wirklich du, die mir das sagt? Ja, ich glaubte wirklich, Candius aufrichtig zu lieben, aber ... Wie, wie soll ich eine einfache Liebe leben, wenn ich immer Sein Siegel in meiner Brust trage. Es verbrennt mich, Shlomit!

Hör mir zu ... Candius kann nicht verstehen, was in mir wohnt, es ist unmöglich! Jede Nacht sucht mich das Gesicht des Meisters heim, und ich fühle mich schuldig. Ich habe das Gefühl, Ihn verraten zu haben. Und nun fühle ich mich jeden Morgen leerer als am Tag zuvor. Ich habe meine Lebensfreude verloren. Ich habe die Freude verloren, Shlomit ... Meine Brust ist wie zugeschnürt, und mir ist angst und bange.

Ich habe meine Seele mit Füßen getreten und unseren langen gemeinsamen Verbund in diesem Land Kal vergessen, all das, um einem Bedürfnis meines Körpers oder dem Bedürfnis zu gefallen nachzugeben, ich weiß es nicht. Anfangs war es ein Drang, der Wunsch, noch einmal begehrt und geliebt zu werden, aber ich bin es ganz schnell leid geworden.

Jetzt fürchte ich bei jedem Anbruch der Nacht den Moment, wenn Candius sich an mich schmiegt ... Ich fürchte die Römer nicht mehr, ich fürchte meinen Ehemann, obwohl er gut ist, weil ich weiß, dass ich ihn verletze.

Diese ganze 'Geschichte', die er und ich uns erzählt haben und an die wir geglaubt haben, alles, was wir uns nicht zu sagen wagen, all das endet mit Weinen, manchmal Schreien ... und wir leiden beide darunter. Ich habe mich geirrt, meine Schwester ..."

Ich konnte mich nicht zurückhalten und schloss Jakobea in die Arme. Es war zu stark ... Ein Zuviel voller Zärtlichkeit.

"Geirrt? Nein, du hast dich nicht geirrt! Du hast aufrichtig das Spiel deines Lebens gespielt. Du hast nur eine weitere Maske getragen, weil das ein Teil deines Weges war. Kennst du die Begegnungen der Seele? Oft sind sie stärker als alles andere. Hat Jeshua nicht gesagt, dass hinter jeder Biegung die Intelligenz des Lebens auf uns wartet? Hast du einen Fehler gemacht? Du bist es, die das entscheidet ... aber ich sehe es in meiner Seele nicht.

Ja, ich habe getrauert, aber ich habe einen neuen Weg für mich gefunden, während du deinem gefolgt bist. Weder du noch ich sind Opfer. Die Tür meines Herzens und unserer Hütte ist noch immer weit geöffnet, Jakobea ..."

Meine Seelenschwester, die es immer bleiben würde, sah mit tränenüberströmtem Gesicht zu mir auf ... Aber ich konnte eine gewisse Entspannung darauf ablesen.

Wir umarmten uns wieder, und nach einer kurzen Verabschiedung ging Jakobea ohne ein weiteres Wort in ihr Dorf zurück. Schon jetzt schien mir, dass ihr Gang anders und ihr Rücken wieder gerade war. Das Bewusstsein formt den Körper so sehr ... Wie sah meiner wohl aus? Bei all den Häutungen meiner Seele hatte ich gar keine Vorstellung mehr davon.

An jenem Abend schlief ich friedlich und zuversichtlich ein. Ich war überzeugt, dass Jakobea wieder zu uns zurückkehren und bei uns leben würde.

Einige Tage vergingen ohne eine Nachricht von ihr. Ich sagte mir, dass sie sich vielleicht damit abgefunden hatte, bei Candius zu bleiben und all das zum Schweigen zu bringen, was in ihr hochkam. Früher mit Zachäus und sogar auch ohne eine Liebe hatte es eine Zeit gegeben, in der ich es hätte akzeptieren können, mich einfangen zu lassen, meine Flamme auszulöschen ... Ich wusste, dass Jakobea sehr stolz war und eine Rückkehr ins Dorf erniedrigend für sie sein konnte.

Immer haftet uns dieser Begriff des Scheiterns an und macht uns vergessen, dass unser Leben eine Reise ist, auf der es genügt, vor allem wahrhaftig zu sein. Der Fehler, so hatte ich es in Jeshuas Gefolge verstanden, lag darin, vor lauter Selbstbetrug gar nicht mehr atmen zu können. Oft noch viel mehr als wenn man andere betrog. Die meisten Lügen im Leben sind unbedeutend, aber die, die wir uns selbst vorsagen, nagen von innen an uns.

Eines Morgens, als ich gerade mit Subrona und einigen ihrer Freundinnen ganz mit der Zubereitung von Salben beschäftigt war, ließen uns Rufe von draußen vor die Tür unserer Arbeitsstätte treten.

Jakobea! Unsere Schwester kam mit ihrem Bündel in der Hand. Ihr alter, zerschlissener Schleier auf dem Kopf verlieh ihr ein etwas erbärmliches Aussehen. Sie blickte auf den Boden, verlegen durch die Rufe der Dorfbewohner, und wahrscheinlich in Sorge, von ihnen abgelehnt zu werden, da Candius ihr Freund war.

Aber nein ... Das ganze Dorf eilte herbei, um sie willkommen zu heißen, Olovico und Betua an der Spitze, die reine Freude verströmten. Eine der Ihren kam zurück, das war alles. Es gab keine Verurteilungen, nur Gesten der Zuneigung für sie.

Nach diesen bewegenden Momenten, die unsere kleine Gemeinschaft in Begeisterung versetzten, kam Jakobea auf unsere Hütte zu. Ich erinnere mich, dass sie nichts sagte, als sie durch die Tür trat. Lediglich eine flüchtige Spur von Schmerz erahnte ich in ihren Augen. Ihre Blicke suchten nach ihrem geflochtenen Bett ... Da es noch immer da war, setzte sie sich darauf und schenkte mir ihr schönstes Lächeln.

"Dann hast du mein Bett also hiergelassen?", fragte sie schließlich, während Subrona und andere sich zu uns gesellten. "Du hast dir also gesagt, dass ich sicher wiederkommen würde. Du kannst ja so gut raten ...

Nun, da bin ich also, ich habe es getan! In meinem Herzen war der Wille so groß, meine Flamme nicht mehr auslöschen zu lassen, dass ich den Schritt getan und beschlossen habe, nichts darauf zu geben, was man von mir denken mag. Schließlich bin ich eine alte Frau geworden und habe ein Recht auf meine kleinen Launen", rief sie mit einer Stimme, die laut klingen sollte.

"Ich habe wirklich versucht, eine Fischersfrau zu sein, aber mir ist klar geworden, dass ich mich in dieser Rolle selbst verloren habe. Mich dürstete es so sehr nach diesem Ort hier ... Hier habe ich mein Leben zu vollenden, wie früher zu dienen und mit euch unterwegs zu sein, meine Freundinnen. Wie konnte ich mich selbst bloß anders sehen?"

"Willkommen zu Hause, Jakobea", flüsterte ich ihr einfach mit einem kleinen, schelmischen Lächeln ins Ohr und legte eine Hand auf ihre abgemagerte Schulter.

Und so nahm unser Leben wieder seinen Lauf ... Vielleicht nicht wie früher, aber besser als früher. Ich erinnere mich an angefülltere Tage als jemals zuvor, in denen die Vertrautheit zwischen Jakobea und mir noch größer wurde. Wir achteten mehr auf angemessene Worte und ließen unsere Persönlichkeiten völlig beiseite, wenn wir Kranke besuchten, und wir beteten viel mehr, sogar beim Sammeln der Kräuter, mit denen wir unsere Salben herstellten, um uns unter anderem vor Mücken zu schützen. Um die Wahrheit zu sagen, hatten diese es oft auf uns abgesehen und verursachten bei dem einen und anderen schreckliches Fieber.

Wir hatten also viel zu tun und drängten niemandem Jeshuas Worte auf, sondern vermittelten die Liebe, mit der er Gefäße aus uns gemacht hatte. Wir säten, indem wir einfach nur wir selbst waren ...

Allerdings fiel mir bei Jakobea schnell eine gewisse Ermüdung auf ... Sie keuchte und schwitzte, wie sie es früher nie getan hatte. Besorgt legte ich deshalb regelmäßig meine Hand auf ihre Stirn, und es kam nicht selten vor, dass sie fiebrig heiß war.

"Lass mich, es ist nichts", sagte sie immer, "hier haben alle Fieber. Die Mücken ..."

Aber eines Tages fand ich meine Seelenschwester halb bewusstlos auf ihrem geflochtenen Bett ausgestreckt. Sie zitterte mehr als sonst, und es war offensichtlich, dass es gefährlich war. Mit Subronas Hilfe machte ich mich sofort daran, ihr alles, was ich konnte, mit meinen Händen und meinem Herzen zu geben.

Leider bemühten wir uns vergeblich, an ihren Lebensadern zu arbeiten und das Feuer fortzunehmen. Jakobea ging es weiter sehr schlecht. Keiner unserer üblichen Tränke wirkte.

Subrona verfiel in Panik. Sie entsann sich, wie sie selbst vor Jahren auf unsere Pflege angewiesen gewesen war, und ich höre sie noch unkontrolliert murmeln ...

"Nein ... Jeshua wird sie so nicht zurücklassen, das ist nicht möglich, nicht möglich ..."

Aber auch jetzt durften wir nicht alles in die Hände des Meisters legen. Das hatte ich begriffen. Jeder musste seinem Schicksal gegenübertreten, dem Lauf seiner eigenen Geschichte mit ihrer Logik.

Unter Tränen trat Subrona hinaus ...

Als ich Jakobea in Bewusstlosigkeit versinken sah, verstand ich, dass mir nur noch mit all meiner Kraft zu beten blieb. Andererseits ... wofür beten? Um sie bei mir festzuhalten? Vielleicht war ihre Seele wirklich müde ... Wie auch immer, nichts half. Das Fieber war wie eine Flut, die ansteigt und durch nichts eingedämmt werden kann.

Und in diesem Augenblick bat Jakobea mich, sie zum Strand zu bringen und auf den Sand dieser Küste zu legen, die sie so sehr zu lieben gelernt hatte ...

Sofort rief ich Männer aus dem Dorf herbei, und wir legten sie auf eine Pritsche, um sie in den Schutz einer kleinen Düne zu tragen, wo sie sich immer auszuruhen pflegte.

Sie wünschte sich keinen anderen Ort, um das Meer zu betrachten. Aber in Wirklichkeit konnte sie es nicht mehr betrachten. Selbst das schwächer werdende Tageslicht blendete sie, und kurz darauf öffneten sich ihre Augen nicht mehr.

Ich werde niemals diese Art von Frieden vergessen, der auf mich herabstieg, als ich ihrem Wunsch gemäß allein bei ihr blieb. Niemand anderes ... sie wollte es nicht, sogar Subrona nicht, die ihr doch so nahestand.

Mit zitternder Hand sah ich, wie sie etwas in dem kleinen, abgenutzten Täschchen suchte, das sie immer in der Vertiefung ihrer Brust trug. Sie bewahrte die drei Oliven darin auf, die der Meister ihr einmal gegeben hatte … diese drei kleinen, ihr so teuren "Perlen", die im Laufe der Zeit versteinert, faltig und schwarz geworden waren. Auf den ersten Blick sah ich, dass sie noch immer etwas Öl absonderten. Ein Öl, das sie glänzend machte, ein lebendiges Öl …

"Nimm sie, Shlomit, sie gehören jetzt dir. Trage sie als Erinnerung an Ihn und an mich. Dort, wohin ich gehe, werden sie mir nicht von Nutzen sein …"

"Nicht jetzt, Jakobea, bitte …"

Ich spürte den plötzlichen Drang, sie zu bitten, noch zu warten, sich Mühe zu geben, aber das war absurd.

"Mein Körper ist abgenutzt, und du weißt gut, dass wir alle unsere Zeit haben … Meine ist gekommen … Weißt du … es kann sein, dass ich noch nie so glücklich war … Selbst in Seiner Zeit nicht, denn heute weiß ich, dass ich ihn so schlecht hörte … Jetzt sind meine Ohren ein bisschen größer geworden … Endlich so viel Frieden, so viel Licht hinter meinen Lidern …

Schließlich gelang es Jakobea, ihre Augen halb zu öffnen und den Himmel und die allerersten Sterne anzustarren. Sie gab mir ihre Hand, ihre nicht mehr ganz so heiße, aber zitternde Hand, die sich noch nie so ausgemergelt angefühlt hatte … Die Lebensenergie verließ sie.

Ein letztes Lächeln an mich ... dann wurde der Blick meiner Schwester starr. Nachdem ihre Pupillen sich kurz geweitet hatten, leerten sie sich von ihrem Atem ... Ich glaube, dass ich aufschrie und meine Stirn auf ihre sinken ließ.

Ein Abgrund der Bewusstlosigkeit ...

... und eine plötzliche Erschütterung. Jakobeas Hand zog mich mit ihr empor in den Himmel ... Ohne reagieren zu können, spürte ich, wie ich umherwirbelte, mit unsagbarer Geschwindigkeit angesogen wurde.

Ich kannte ein wenig den Flug der Seele aus ihrem Fleisch, Jeshua hatte mich ihn erfahren lassen, aber es war das erste Mal, dass ich so weit in jene Welten gelangte ... Wir stiegen weiter und weiter auf. Vielleicht war auch ich ja endgültig fortgegangen?

Außerhalb jedes Zeitverständnisses offenbarte sich eine Art "Irgendwo". Jakobea war nur noch eine Gegenwart, die ich nicht sehen konnte, aber deren Hand ich noch immer hielt. Doch da war keine Angst ...

Gefühllos zerstob die große Klarheit, die uns in eine Art Nebel gehüllt hatte ... Dort, vor uns, um uns herum, waren zahlreiche Lichtformen, menschliche Gestalten, die zu warten schienen.

Mein Blick weitete sich von selbst, er umfasste alles, bis er mich in Jakobeas Blick und Lächeln eintauchen ließ, die nur noch Erstaunen war.

Wie schön und freundlich es war! Ich nahm den Duft unseres Sees wahr, Bethsaida, die Gewürze, die strahlende Sonne ... und diese Seelen, die meine Schwester geliebt hatte ... Chalphi war da mit anderen.

"Jakobea! Siehst du? Fühlst du?"

"Geh zurück. Shlomit", sagte sie hinter mir. *"Deine Zeit ist noch nicht gekommen ... Ich werde hier auf dich warten ..."*

Da riss alles ab, wie bei der Rückkehr aus einem jäh unterbrochenen Traum. Schon war ich in meinen auf dem Strand ausgestreckten Körper zurückgekehrt und wurde von gewaltiger Übelkeit erfasst ...

Jakobeas lebloser Körper lag neben mir, und ich hielt noch immer ihre Hand.

Meine Seelenschwester war nach Hause zurückgekehrt. Ja, diesmal war es wirklich so.

Epilog

Entflogen

Ich habe keine großen Erinnerungen mehr an die ersten Wochen, nachdem Jakobea entflogen war. Mir scheint, es war ein wenig so, als wäre ein Teil von mir zwischen den Welten hängen geblieben, sodass ich nicht den unermesslichen Kummer empfand, den ich mir vorgestellt hatte.

Für mich war Jakobea immer noch da; nur ein Schleier trennte uns. Ihre Kleidung war abgenutzt, also hatte sie eine andere übergestreift, die aus unsichtbaren Lichtfäden gewebt war.

Auf diese Weise hatte der Meister zu uns immer vom Tod gesprochen, und der Fortgang meiner Schwester bewies mir, dass die Unterweisung wirklich von meinem Bewusstsein aufgenommen worden war.

Natürlich war da auch der Abschiedsschmerz und der Riss, den er in meinem Herzen verursachte, aber davon abgesehen fühlte ich mich erstaunlich stark. Was die Einsamkeit betraf, so hatte ich Zeit gehabt, sie zu zähmen. Auch wenn sie manchmal in Wellen wieder hochkam, konnte ich ohne große Mühe eine Energie daraus schöpfen, die mich wachsen ließ.

Ich erinnere mich an einige Bilder des Begräbnisrituals, das die Dorfbewohner für Jakobea abhielten. An die Einfachheit, die Würde, ein paar Blüten vermischt mit Algen und eine kleine, flache Stele, in die jemand ungeschickt ein Fischerboot eingraviert hatte. Die Zeremonie fand etwas außerhalb des Dorfes unweit des *Steins mit den großen Ohren* statt.

Wenn ich dennoch an jenem Tag weinte, dann aufgrund von Frieden, der Empfindung eines seltenen Friedens, weil ich noch immer die Form einer Hand in meiner erahnte.

Dass meine Seelenschwester entflogen war, löste einen Schock im Dorf und in den benachbarten Ortschaften aus, und im Laufe der folgenden Monate, in denen ich ihre Grabstätte besuchte, um besser mit ihr sprechen zu können, stellte ich fest, dass sich dort eine Art Kult um sie entwickelte.

Das Gefühl der Verehrung lag in der Natur des Volkes dieser Gegend. Es wusste zu erkennen, was die Wahrheit sprach, und ehrte es.

Zu meiner großen Überraschung bemerkte ich auch, dass die Zeichen der Verehrung auch in meine Richtung, zur "Überlebenden", gingen. Für manche wurde ich zu einer Art "weisen Alten", die einst einen Gottmenschen gekannt

hatte. Ich entzog mich dem mit einer Art Scham oder Verlegenheit. Es mochte sein, dass ich mich ein bisschen alt
fühlte, aber weise keinesfalls. Ich fühlte mich nur in Frieden,
als Trägerin wahrer Worte und immer mehr von einem
Atem verwandelt, der mich erleuchtete.

Mein Glück war es zu sehen, welches Werk Subrona nun
praktisch überall in der Gegend vollbrachte. Ich erinnere
mich gut an den Tag, an dem sie mich mit etwa zwanzig
Personen besuchte, jungen Frauen, aber auch jungen Männern. Diesmal sah ich wirklich die Lehrerin in ihr, eine auf-
rechte Lehrerin mit eigenen Schülern. Sie trug wahrlich
selbst den Atem, und es war so sichtbar, dass ich die Stürme
erahnen konnte, die auch sie auf ihrem Weg immer wieder
durchrütteln würden.

So vergingen einige Monate, fünf oder sechs vielleicht.
Meine größte Sorge war, den anderen begreiflich zu machen,
dass Jeshua niemals gewollt hatte, dass sich ein Kult um
Sein Wort entwickelte.

Es war mir ein ständiges Anliegen, weil mich immer
mehr Fischer mit ihren Familien baten, ihnen Gebete bei-
zubringen oder ihnen kleine Zeremonien zu zeigen, um
vom *Meister mit den langen Ohren* erhört und begünstigt
zu werden, der Mitgefühl und Heilung schenkte.

"Begünstigt zu werden" … Ja, trotz jahrelanger Unter-
weisungen musste ich erkennen, dass sie noch immer an
dieser Stelle verharrten, wie die meisten menschlichen Wesen, unfähig, wirklich die Ufer der Erwartungen hinter sich
zu lassen.

Gebete? Abgesehen von ein paar Worten, die sich mir ein-
geprägt hatten, weil ich sie Jeshua immer wieder hatte sagen
hören, gab es nur die, die meinem Herzen entsprangen ...

Und Zeremonien? Sich ein bisschen Asche auf die Stirn
streichen und Brot teilen ... Etwas anderes hatte es nie gegeben. Es hatte immer genügt, um die Herzen zu Reinheit
und Verbundenheit aufzurufen, aber dort inmitten der
Teiche am Meeresufer war es offenbar nicht genug und man
wünschte sich mehr.

Eines Abends kam mir der überraschende Gedanke,
dass ich vielleicht "etwas erfinden" musste, das wie ein Ori-
entierungspunkt war, eine feste Verankerung, da der menschliche Geist das wohl brauchte und es offensichtlich normal
war.

Doch schon allein der Gedanke ließ mich zusammenzucken. Nein, nicht das! Niemals! Es würde bedeuten, den
Atem einzuengen. Sollte das eines Tages geschehen, dann
würde es sicher nicht von mir kommen!

Zum Glück hatte ich niemals schreiben gelernt, denn
vielleicht wäre ich dann versucht gewesen ... *Das* zu um-
schreiben, das nicht umschrieben werden kann.

Ich glaube, dass ich in jener Zeit große, schöne Momente
der Erleuchtung hatte, jedes Mal, wenn ich mich Betrach-
tungen hingab, die zu einem Blick auf das Grenzenlose ein-
luden ... Ich sah eine Art *Irreligion* vor mir, die etwas ermöglichte, was ich heute den *Universalismus des Atems* nenne.

Träumte ich? Nein, ich wachte ein wenig mehr auf ...

240

Und dann überkam mich eines Tages eine große Müdigkeit, gefolgt von Schwindel ... Ich stürzte von einem Steg in
einen Teich mitten ins Schilf. Man fand mich erst recht
spät, halb bewusstlos, mit schrecklichen Schmerzen in einem
Bein oder in der Hüfte, ich wusste es nicht genau ...

Man bemühte sich vergeblich, mich ruhig zu stellen,
mich zu heilen, Jeshua und Belisama anzurufen, nichts half.
Subrona wich nicht mehr von meiner Seite; ich sehe noch
ihren Blick, der so viel sagte, und höre noch immer ihre
Worte, die beruhigend sein sollten ... Doch jedes Mal, wenn
die Sonne in unserem Dorf unterging, verstand ich ein bisschen mehr, dass auch ich ans Ende meines Weges gelangte.
Ich wurde schwächer und hatte stechende Schmerzen in der
Brust.

Das ging so weiter, bis ich eines Morgens aufwachte und
Jeshuas Blick in mich eintauchte. Lächeln und Liebe ... Ich
zweifelte keinen Augenblick an Seiner Botschaft.

Und so bat ich darum, mich unverzüglich zu einem
Boot zu bringen, mich so hineinzulegen, dass ich das Meer
sehen konnte, und mein Boot dann ins Wasser zu schieben,
wenn die Stunde für mich gekommen war, "nach Hause zurückzukehren" ...

Ohne irgendetwas zu sagen, hörte man auf mich.

Einige Stunden später, gewiegt von den Wellen und in
Sonne gebadet hinter meinen geschlossenen Lidern, entflog
ich schließlich in einem Luftzug unermesslicher Freude.

Das letzte Bild aus der Höhe, das ich mir von diesen Momenten bewahrt habe, ist eine zierliche Gestalt auf dem Boden eines Bootes, das auf einer Sandbank aufgelaufen war. Das Meer wollte meinen Körper nicht ... Das Land forderte diese Gestalt zurück, damit zwei Erinnerungen darin fortlebten und es mit ihrer Liebe weihten.

* * * * *

1441 wurden zwei weibliche Schädel und Knochen auf einem polierten Marmorblock gefunden, den man heute traditionell das "Kopfkissen der Heiligen" nennt. An diesem Ort wurde die Kirche des kleinen Wallfahrts- und Heilungsortes Saintes-Maries-de-la-Mer in der Camargue errichtet. "Heilige" ... Oh, wenn sie das gewusst hätten!

Salome und Jakobea aus der Sicht der christlichen Tradition
mit Worten des Dichters Frédéric Mistral

Über die Autorin

M arie Johanne Croteau wurde im kanadischen Québec geboren, studierte zunächst Literaturwissenschaft und Pharmazie und war 12 Jahre lang in einem großen Universitätsklinikum tätig. Seit jeher extrem sensitiv, bewog ihre Arbeit sie ganz natürlich dazu, sich anderen Dimensionen des Lebens zu öffnen.

Die subtilen Wirklichkeiten des menschlichen Körpers, die Seelenwelten und unsere innere Gesundheit und Harmonie nahmen in ihrer Arbeit immer größeren Raum ein.

Heute widmet sich Marie Johanne Croteau vor allem der Weitergabe der reichen Erfahrungen, die ihr dank der Öffnung ihres Herzens und ihrer Sensitivität zuteilwerden. Nachdem sie in mehreren Ländern auf beiden Seiten des Atlantiks Energietherapien gelehrt hat, widmet sie sich nun dem Schreiben – mit Das Elfentor und Der unerwartete Tod und die Geburt in den Himmel, zwei Erfolgen, die bereits in vier Sprachen übersetzt wurden.

Sie ist Mitverfasserin des Nouveau Grand Livre des Thérapies Esséniennes et Égyptiennes. Zudem ist sie Gründerin und Leiterin von Productions Intus Solaris.

www.intus-solaris.com

www.marie-johanne-croteau-meurois.com

192 Seiten, broschiert
ISBN 978-3-89845-534-3
€ [D] 14,95

Marie Johanne Croteau-Meurois

Das Elfentor
Unsere Verbindung zur Anderswelt

Treten Sie ein in die Welt der Elfen voller Magie und Licht. Dieses Buch schildert wahre Begebenheiten des Lebens der Elfe Gwenedys, die beschließt, ihre Welt zu verlassen und fortan in der Welt der Menschen zu leben. Durch ihre Schilderungen erhalten wir faszinierende Details des Lebens der Elfen – einem Elfenleben, das weit entfernt ist von den Märchen und Legenden unserer Vorstellungswelt.

Entdecken Sie die zauberhafte Anderswelt, und begegnen Sie wundervollen Elfen, die auch in unserer irdischen Welt ihren Zauber hinterlassen haben ...

336 Seiten, mit Farbteil, broschiert
ISBN 978-3-89845-609-8
€ [D] 18,00

Marie Johanne Croteau-Meurois

Der unerwartete Tod und die Geburt in den Himmel
Erfahrungen einer Seelenbegleiterin

Was geschieht, wenn jemand ganz plötzlich aus dem Leben gerissen wird, was macht dieser Mensch durch? Wie können wir ihm helfen? Anhand von 12 authentischen Zeugnissen von Verstorbenen, die dieses Leben oft unter dramatischen Umständen verlassen haben, gibt Marie Johanne Croteau-Meurois tiefe Einblicke in Bewusstseinszustände »an der Schwelle «.

Die Autorin vermittelt wertvolle Erkenntnisse und lässt uns an ihren höchst erstaunlichen Erlebnissen teilhaben.

Dieses mit großem Mitgefühl geschriebene und inspirierende Buch ist ein Quell des Trostes und der Hoffnung. Es eröffnet eine ganz neue Sicht auf den »Sinn des Lebens« und die Frage, wie es »nach dem Tod« weitergeht ...

208 Seiten, broschiert
ISBN 978-3-89845-640-1
€ [D] 20,00

Daniel Meurois

Maria Magdalena – das wahre Evangelium

Bis vor kurzem war der Öffentlichkeit völlig unbekannt, dass Maria Magdalena die Inspirationsquelle eines Evangeliums ist. Das Manuskript, welches ihren Namen trägt, wurde Ende des 19. Jahrhunderts entdeckt. Der Text ist faszinierend ... war aber leider unvollständig, zahlreiche Seiten fehlten.

Daniel Meurois hat sich ins Gedächtnis der Zeit vertieft und macht uns dadurch ein großes Werk ganz neu zugänglich: das verschollene Evangelium der Maria Magdalena.

504 Seiten, broschiert
ISBN 978-3-89845-583-1
€ [D] 24,95

Daniel Meurois

Echnaton und der Strahlende Gott

Das Geheimnis des Aton

Dieses Buch ist anders als alles, was je über Echnaton geschrieben wurde, denn es lüftet viele Geheimnisse über das Leben des Pharaos. Es ist ein geradezu magisches Werk, das sich intensiv mit den großen Fragen der Menschheit auseinandersetzt – Fragen, die uns immer beschäftigen werden.

Dieses authentische Zeugnis ist ein herausragendes Buch – hochaktuell und eine Inspiration für jeden, der sein Leben mit vollem Bewusstsein führen und aktiv gestalten will.

160 Seiten, broschiert
ISBN 978-3-89845-387-5
€ [D] 14,95

Daniel Meurois-Givaudan

Die ungeborene Seele

Trost und Hoffnung nach Fehlgeburt und Abtreibung

Einfühlsam und eindringlich berichtet Daniel Meurois-Givaudan über den Weg der Frauen und Paare, die den Verlust eines ungeborenen Kindes verkraften müssen und sich der Problematik von Abtreibungen, der Bitternis von Fehlgeburten und den oft so schmerzlichen Fragen rund um komplizierte Geburten stellen müssen. Damit reicht er mit diesem Buch all jenen die Hand, die nicht mehr wegschauen, sondern ihre Verletzungen und Wunden heilen wollen.

Ein wohltuender Leitfaden, der hilft, einen banalisierten, verheimlichten und oft verleugneten Schmerz zu überwinden.

238 Seiten, broschiert
ISBN 978-3-89845-194-9
€ [D] 13,90

Anne Meurois-Givaudan & Dr. med. Antoine Achram

Auralesen und alte Therapien der Essener

Von der Autorin des Bestsellers »Essener Erinnerungen«

Wenige Bücher über das Thema Heilen gehen so weit wie dieses im Bezug auf das Verständnis von Krankheiten, denn hier werden diese als eine Reaktion auf feinstofflicher Ebene interpretiert und auch auf dieser behandelt – ein bemerkenswerter Ansatz zum Verständnis der energetischen Medizin. Eine interessante Einführung in eine vergessene Heiltechnik, die von der Autorin seit vielen Jahren mit großem Erfolg angewandt wird.

240 Seiten, broschiert
ISBN 978-3-89845-555-8
€ [D] 16,95

Daniel Meurois

Die ursprünglichen Lehren Christi und wer Jesus wirklich war

Erleben Sie den wahren Jesus in seinem alltäglichen Umfeld und erhalten Sie ein völlig neues Bild von ihm, das auch die verborgenen Seiten seiner Lehre beleuchtet. Das Buch zeigt, wie die Wunder, die Christus vollbracht hat, zu verstehen sind, wie er alltäglich außerhalb seiner Lehren lebte, wie sich das Leben seiner Mutter Maria gestaltete, was wirklich nach der Auferstehung geschah, wie seine Worte tatsächlich zu verstehen sind. Sie werden überrascht sein von den neuen Einsichten und Erkenntnissen und die Lehre Christi ganz neu erfahren.

Daniel Meurois

Die Jesus-Methode
So reinigst du deine 8 Energiezentren

Eine fast unbekannte Lehre, die Jesus nur mit einem engen Kreis von Jüngern teilte: die acht Übungen zur Reinigung der Chakren. Zu den bekannten sieben Hauptchakren kommt ein Achtes hinzu, das rein geistiger Natur ist und uns als Sitz der Seele mit unserem Höheren Ich verbindet.
Ein Buch, das den menschlichen Körper ins Gleichgewicht und die geistige Entwicklung vorwärts bringt. Für alle, die ernsthaft an ihrer körperlichen und geistigen Gesundheit interessiert sind!

144 Seiten, Klappenbroschur
ISBN 978-3-89845-682-1
€ [D] 16,00

384 Seiten, broschiert
ISBN 978-3-89845-521-3
€ [D] 19,95

Daniel Meurois

Jesus' Jüngerinnen
Das geistige Erbe der drei Marien

Christus hatte nicht nur männliche Begleiter, sondern auch weibliche, unter denen sich insbesondere die drei Marien hervortaten: Maria-Magdalena, Maria-Jakobea und Maria-Salome. Nehmen Sie an der Begegnung der drei Frauen teil und lernen sie den Mensch Jesus und dessen Lehren aus weiblicher Perspektive kennen.
Erstaunlich leicht lässt sich Jesus´ Lehre auf die Gegenwart übertragen und kann zum Schlüssel einer geistigen Erhebung werden, die wir in den heutigen, bewegten Zeiten so dringend brauchen.

256 Seiten, broschiert
ISBN 978-3-89845-655-5
€ [D] 16,00

Daniel Meurois

Eine Reise in die geistige Welt der Tiere

Grenzenlose Erfahrungen, die dein Leben verändern

Dieser Bestseller dokumentiert das Seelenleben der Tiere mit erstaunlichen Erkenntnissen, um den Tieren mit mehr Empathie und Achtung zu begegnen – aber auch uns selbst. Wir lernen unsere Alltagswelt aus überraschender Perspektive kennen.
Aus Gewissenlosigkeit und kurzfristigem Profitdenken, entsteht die Ausbeutung und Vernichtung der Tiere und dieses Buch ist ein Appell an die Menschheit für Vernunft und gegenseitige Achtung.

224 Seiten, broschiert,
ISBN 978-3-89845-598-5
€ [D] 22,00

Daniel Meurois

Das große Buch der Akasha-Chronik

Der Zugang zum universellen Weltengedächtnis

Daniel Meurois beweist, dass er sich kraft seines Bewusstseins durch die Zeit bewegen kann. Er beschreibt, wie er Zugang zur Akasha-Chronik erlangt und durch welche Arten des Reisens er sich in der Zeit bewegt. Er erläutert die Anatomie der Akasha-Chronik und lässt uns teilhaben an seinen realen Erfahrungen aus den Tiefen der Zeit. Damit bietet er uns einen einmaligen Einblick in das universelle Weltengedächtnis, durch den wir entdecken, dass die metaphysische Erfahrung der Raum-Zeit-Dimension die Tür zum Göttlichen in uns selbst weit öffnet.

448 Seiten, broschiert
ISBN 978-3-89845-462-9
€ [D] 19,95

Daniel Meurois & Anne Givaudan

Essener Erinnerungen

Die spirituellen Lehren Jesu

Ein einzigartiges Dokument Zeit über die Bruderschaft der Essener, bei denen Jesus von Nazareth seine spirituelle Unterweisung erhielt, und über das geheime Leben Jesu:
Entdecken Sie das Leben und Wirken der Essener zur Zeit Jesu und erfahren Sie mehr über ihre Bedeutung bei der Vorbereitung der Mission Christi und über die ursprüngliche Botschaft Jesu.

320 Seiten, 2-farbig,
broschiert
ISBN 978-3-89845-621-0
€ [D] 18,00

Sara Léux

Die neue Weiblichkeit leben

Sei stark, wild und leuchtend

Dies ist ein Buch für mutige Frauen und solche, die es werden wollen, das dir zeigt, wie deine Weiblichkeit immer stärker hervortreten und leuchten kann.

Hier bekommst du das gesamte Rüstzeug an die Hand, um dich mit den reinen, hohen Schwingungen der weiblichen Aspekte zu verbinden und sie in dein Leben hineinzunehmen. So ist es ein Erlebnisbuch für dich – für die Erweckung deiner Urweiblichkeit und deiner Selbstheilung.

Sei frei und lebe deine neue Weiblichkeit.

400 Seiten, gebunden
ISBN 978-3-89845-541-1
€ [D] 26,95

Carola Hempel

Die Quelle der Spiritualität

Die Verbindung von Wissenschaft, Religion und Philosophie

Sind die großen Religionen wirklich so unterschiedlich, wie wir heute glauben? Haben nicht alle Religionen einen Kern, schöpfen nicht alle aus derselben Quelle?

Dieses Buch deckt das geheime Wissen, die wahren Inhalte der geheimen Lehren der Religion, Esoterik und Naturwissenschaft auf. Carola Hempel erläutert die einzelnen Wege zur Quelle der Spiritualität in den verschiedenen großen Ur-Religionen und zeigt den übergeordneten roten Faden auf, der alle großen Lehren, Philosophien, Religionen und die gesamte Bandbreite der Spiritualität mit ihren vielen Facetten verbindet.

96 Seiten, durchgehend
farbig, broschiert
ISBN 978-3-89845-672-2
€ [D] 6,95

Giuseppe Saccon (Hrsg.)

Pater Pio – Lieblingsgebete

Pio von Pietrelcina ist bis heute einer der beliebtesten Heiligen Italiens. Der stigmatisierte Ordenspriester beschenkte seine Mitmenschen aufopfernd mit unbegrenzter Liebe und Fürsorge. Wunder geschehen noch heute auf seine Fürbitte hin. Er wurde von Bischöfen, Kardinälen und sogar vom späteren Papst Johannes Paul II. aufgesucht, der ihn 1999 seliggesprochen hat. Seine Weisheit und sein Verständnis beeindrucken bis heute.

Weiterführende Informationen zu
Büchern, Autoren und den Aktivitäten
des Silberschnur Verlages erhalten Sie unter:
www.silberschnur.de

Natürlich können Sie uns auch gerne den
Antwort-Coupon aus dem beiliegenden
Lesezeichenflyer zusenden.

Ihr Interesse wird belohnt!